北海道

一個人的幸福旅程

contents.

milly . in hokkaido

一直以來，心中都存在著一個暗暗期待的計畫：去寒冬大雪紛飛的北海道，在冰封的陌生城鎮裡，度過一個月跟自己成長生活經驗完全背離的生活。

這計畫成形於第一次追尋北海道冬日大雪的旅途中，因此，雖然這些年來多次於春夏秋冬到北海道旅行，心裡總是認定白色大地才是真正的北海道風貌。可是一張雜誌上7月礼文島高山花卉開遍海崖邊坡道上的照片，動搖了Milly的想法，也正是這張照片，帶著Milly開始了一趟夏天開始、夏天結束的北海道夏日旅行。

旅行出發，關鍵字是夏天。

旅行的動機可以是多樣的，有時或許就是像這樣，只是因為一張照片。

21日的北海道夏季之旅，Milly充分體驗到了因為是夏日才有的風情，發掘到了這廣闊大地下原本忽略的魅力，同時也留下了許多還想再去探訪的角落。

旭岳野花

FINO Hotel

因為是北海道，因為是夏日

對日本人來說，7月中至8月底或許才是真正的北海道旅遊旺季。
薰衣草未必是主要的觀光重點，豐富的自然景觀和戶外體驗活動，才是大量遊客從日本各地湧入北海道的主因。

北海道位處高緯度，加上土地廣闊，夏季較為涼爽，因此是避暑好去處。
冬季滑雪和雪祭的旺季結束後，積雪漸漸融解，鄂霍次克海的流冰季節也進入尾聲。在迎接了日本最晚的櫻花季之後，到了6月後段，高山植物開始盛開，一直延續到9月多。
觀賞高山植物高山花卉的登山健行活動，在這期間於是很活躍。

同時期在6月初，延展到天際的田野上，淡紫和純白的馬鈴薯花綻開了。7月是薰衣草盛開期，也意味著夏日觀光旺季開跑，到了8月由向日葵接棒，印象中白雪大地的北海道，變身成了五彩繽紛的大花田！
這不但吸引了遊客的目光，寫真家也紛紛踏上旅途，去捕捉這大自然的畫筆年年畫出的不同美景。

在豐富的大自然資源下，獨木舟、泛舟、騎馬、露營、高空氣球、登山、自行車等等戶外活動，也都是夏日才可以進行的。
更別說從5月到10月，帝王蟹、毛蟹、海膽等進入盛產期，食慾也可獲得大滿足。

因此，若要在夏日前往北海道，千萬不要誤以為不是雪祭旺季，行程就容易布局。
Milly在開始計畫夏季北海道旅行時，雖說已有充分的心理準備，還是嚇了一跳。

 海膽　　　　　 烤干貝

 道產果菜　　　 乳製品

因為不但機票漲價、機位差點訂不到，北海道各地的旅館和民宿更是一直客滿，更誇張的是房價，以札幌站前的華盛頓Hotel為例，5月中下旬的單人房大約可以用5800日圓預約，進入6月就大約要12000日圓上下。

漲幅幾乎是一倍，或許這就是旺季出遊必須付出的代價了。

邊吃邊玩、邊玩邊吃

北海道是美食寶庫，因此如何在北海道食い倒れ，就成了觀光主題之一。
「食い倒れ」這句日文很有意思，可以翻成「吃到破產啦！」或是「盡情大吃大喝」，當然也可以翻譯成「美食吃到爽！」總之就是吃，盡情的吃，吃遍北海道的美食。

那麼，在北海道到底要吃些什麼，才算是吃到北海道美食菁華了呢？
Milly只是個預算有限的B級美食家，因此以下的北海道美食大剖析，就分為兩大部分：一個是經濟能力許可下品嘗過的，還有就是還沒豪氣去奢華一吃的。

說起北海道美食，首先想到的就是帝王蟹，生吃、烤來吃、放在火鍋吃，都好吃！
另外毛蟹也是北海道特產。
螃蟹之外的海產，舉凡鮭魚、海膽、扇貝、魷魚、烏賊、鮭魚卵⋯⋯在北海道也都以新鮮著稱。在函館、小樽、札幌等地吃一碗新鮮的生魚海鮮蓋飯是一大享受。

除了豐富的海產漁獲，廣闊大自然中生產的馬鈴薯、玉米和南瓜等，也都是大地恩賜的美食。當然以北海道產小麥做的麵包也不能錯過。
北海道大地生產了豐饒的果菜類，也孕育了興盛的畜牧業。因此北海道的乳製品也是不能忘記的美食，諸如新鮮的牛乳、牛乳製作的乳酪、優格和霜淇淋等等。

豐饒的漁獲、蔬果及發達的畜牧提供了各式新鮮食材，也因此發展出不少北海道才有的美食料理。
像是近年來很盛行的湯咖哩、札幌拉麵、旭川拉麵，也是獨創一格。
因為健康風潮而更加風行的ジンギスカン（成吉思汗鐵板羊肉燒肉），則是用了北海道的羊肉和新鮮蔬菜。
地方性美食還有函館的烏賊生吃、帶廣的豬肉蓋飯、釧路的炉ばた（鄉土爐邊燒料理）、厚岸的生蠔、十勝的美酒、和牛和知床的地雞。
結論是，北海道產簡稱為道產，套上了道產二字的食材正是象徵了新鮮美味的食

材，運用這些道產食材製成的料理，就是讓人幸福的美味北海道料理了。
到了北海道就暫時忘記卡路里，食い倒れ，吃個過癮吧！

北海道如此這般讓人幸福著

每一次旅行，或是更正確的說，每一次為了一本書出發去旅行的時候，Milly都會
先給自己一個旅行的主題。
這次的主題是「一個人的幸福北海道夏季旅行」，雖然Milly已經是熟女，但是
（笑），女子獨有的想去寵愛自己的慾望還是強烈的。

幸福的旅行，主題難免貪心。
享用地方特色美食、住宿憧憬的旅店、在旅途中美好的咖啡屋小歇、區域人文風情
的初體驗、悠閒步調的路徑探訪，幾乎每一趟旅行都是這樣進行著。

這次的旅途也是一樣，Milly住宿了位於十勝溫泉的憧憬旅店三余庵、去旭山動物
園附近的咖啡屋Café Good life、吃了積丹半島剛剛捕獲上岸的新鮮海膽、買到了富
良野線上美馬牛附近Gosh有機麵包、完成了大自然中的獨木舟初體驗，也去了些
美術館和新建築，讓拍照的自我滿足充分發揮。
然後關於北海道，這次Milly多了一項企圖，就是讓自己親身進入那些印象中美好
的風景中。
殘雪高山上一整片高山植物、無邊無際的馬鈴薯花田、麥田邊有著煙囪的咖啡屋、
面向海洋的鐵道路線、山丘上聳立的風力發電風車。
北海道是廣大的，那從北海道風景圖片中透出的力量也同樣宏大而震撼，一下子就
排山倒海而來，迷惑著你，讓你措手不及無法招架。

這次難得地在夏日前往北海道，同時將21日的旅程全給了北海道，就很貪心地企圖
將那些曾經在印象中讓自己感動的風景排入旅程中。Milly要讓自己進入那些圖片
中，用五感去確實地體驗，讓印象中的風景轉化成記憶中的風景。
21天的旅途，滿足度和滿意度都高分達成。
在之後的旅行中，啊……幸福。好吃！真舒適！的字句不斷出現著，不為了什麼，
就這樣自然而然脫口而出，沒有過多的修飾，只是單純地樂在這次的旅行中。

Café Good life 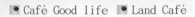Land Café

■ 三余庵　　■ Gosh有機麵包店

trip 1
7/6 - 7/7

札幌 。札幌都市散步

札幌車站的不猶豫迴轉壽司

札幌一日愉悅咖啡路徑
· cafe BOYS BE
· 宮越屋珈琲
· Brown Books Café
· 森彥
· ATERLIER MORIHIKO FAbULOUS

野口勇的モエレ沼公園
· 茶廊法邑

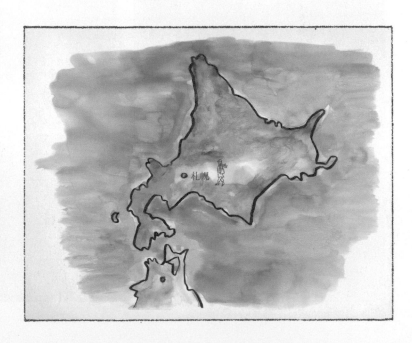

7月6日從香港直飛札幌，下午五點多到達千歲機場，本來可以很快地搭乘巴士前往旅館，可是Milly卻為了買一張電話儲值卡，在不是很大的千歲機場內迷了路，晚了幾乎一小時才到達札幌市區，真是失算。

第一晚住宿的是札幌市電すすきの站附近的L'HOTEL DE L'HOTEL。選這間旅館的原因，是網站頗吸引人，裝潢很古典，尤其是那頗歐風的大廳。更重要的是在訂房網站上查詢，那天這間旅館的單人房相對便宜，一晚7200日圓。
實際住過，以為旅館的位置不錯，一樓有花店，兩旁有綠蔭，第一眼看去真有點像歐洲都會小旅店。房間的確寬敞，但跟網路呈現的歐風典雅還是有點落差。

距離狸小路商店街、すすきの和大通公園都還算近，周邊不乏好吃的B級美食餐廳，只是Milly在前往札幌的飛機上（更正確的說法是決定要去北海道旅行的同時），滿腦子就是那位於JR札幌車站大樓上的迴轉壽司花まる，因此在旅館一放下行李，就直衝札幌車站。

■ L'HOTEL DE L'HOTEL很像歐洲都會小旅店

不愧是B級美食的「王道」迴轉壽司店，都已經快九點了還是一堆人在候位。那晚等了將近50分鐘，才能如願進去大快朵頤一番。

這間車站樓上的花まる，很多導覽書部落格都推薦過，許多海外遊客也會特意來吃。店前還放著英文的牌子，解說不同盤子的價位以及必須先貼好名字再等候呼叫的入店方式。

鮪魚、鮭魚、烏賊等五碟壽司加一份鯛魚魚頭湯，不過才1200日圓，新鮮便宜又好吃，也因此可以立刻填補7個月前離開札幌後那對於北海道海鮮的美味思念。

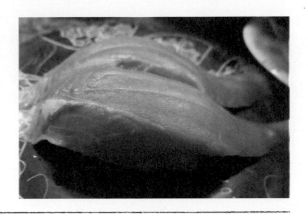

■ B級美食的王道迴轉壽司店花

note L'HOTEL DE L'HOTEL（ロテル・ド・ロテル）

札幌市中央区南3条西2丁目｜www.ldl.co.jp

note 花まる

JRタワーステラプレイス店
札幌市中央区北5条西2丁目
11：00〜23：00

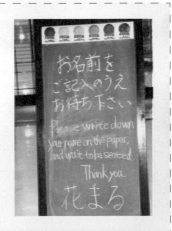

每一次的旅行，不論是東京、京都、巴黎、柏林或香港，Milly都以發現咖啡路徑為樂，甚至可以說，尋找愉悅的咖啡路徑是Milly出發去旅行最美好的任務。

通常在出發前，在開始計畫旅行前，預計前往的路程上就已經有一條條想去體驗一下的咖啡路徑。

然後，到達旅行地後，幾乎是習慣性一定會先去書店，然後check一下有沒有最新出版關於這區域的咖啡導覽書或雜誌，再根據這些訊息整理一下原先的咖啡路徑，實際去愉快體驗。

大致的狀況是，到了一間喜歡的咖啡屋，這咖啡屋裡必定會有同樣也喜歡的讀物和雜誌，不但可以當作搭配香醇咖啡的最佳點心，也大多可從中發現一些或許值得一探的咖啡屋。Milly對於咖啡屋的探訪，總是如此貪得無厭地進行著。

就像是很會從網站和平面照片去判斷一間民宿是什麼風格的旅遊作家廖惠萍小姐一樣，Milly也從多年來的咖啡屋探尋散步中，找到了從照片來判斷自己是否會喜歡這咖啡屋的能力。雖說這能力沒什麼了不起，也不會有人頒證書給Milly，但能更準確地憑著直覺感應一間或許會給自己美好體驗的咖啡屋空間，是很幸福的事（笑）。

就是這樣，入境札幌的第二天，Milly買了札幌巴士和地鐵的共通一日卡，一早在札幌時計台、舊道廳、大通公園的敘舊路線散步後，立刻開始了一日札幌咖啡路徑的散步小旅行。

把正式開始旅行的第一日先留在都會，也是種習慣，以為這樣可以有點時間去check相關的資料和預約。

cafe BOYS BE

第一站是乘坐地鐵東西線在「円山公園站」下車，不用出車站就在4號出口旁的美好咖啡屋BOYS BE。

推開厚重的木門，以低調深棕色為基調用間接光演出的沉穩狹長空間流洩出輕

■ 7月7日住宿的Fino Hotel，離車站很近，客房設計洗練卻不失纖細，浴室寬敞潔淨，價錢合理，是很推薦的都會商務旅館。

名字是boy，其實卻很girl的咖啡店。

柔的爵士樂，門一關上，地鐵站喧囂就給隔絕開來。

有意思的是，Milly進入後，看見以咖啡杯架為背景的吧檯後方是穿戴黑圍裙安靜沖泡著咖啡的女子BARISTA（咖啡師），吧檯前坐著一面用咖啡一面記帳的婦人，門邊大海報下方是看著書的時尚貴婦人，絢麗但又神祕的白花束前方上，則是一個心思都在手機Mail上的年輕女子。

各據一角的靜默空間，五個互不相識的女子。

點了一杯咖啡配上最愛的手工烤布丁，用木托盤送上還附上無花果點心，如此穩重卻又如此可愛，果然是女子BARISTA才有的心思。

BOYS BE平日是8點開店（假日9點），一直營業到晚間12點。是當地的居民可以當作自家客廳延伸的車站內愛用咖啡屋。

note cafe BOYS BE

札幌市中央区南1西26　ターミナルハイツ円山B1
8:00～24:00，假日9:00～20:00，無休

宮越屋珈琲

離開了BOYS BE，繼續這天的咖啡路徑，要找的是同樣在円山公園站附近的BROWN BOOKS&CAFE以及森彥。

雖說手上有地圖，大路痴Milly依然在原地亂繞著，怎麼樣也找不到目標。

同時還無意間看見位在円山公園邊的宮越屋珈琲本店。宮越屋珈琲是在北海道發跡的經典烘焙咖啡屋，一杯咖啡單價比一般連鎖咖啡店高些，但是因為不妥協於量產，一杯熱咖啡入喉可以清楚感受到他們堅持的高品質。

這次旅行中有天早上在札幌西口觀光服務處（JR總合案內所）旁邊的宮越屋珈琲屋支店，享用著咖啡早餐。但是很意外，這一早開店的咖啡屋居然沒提供早餐套餐，咖啡必須單點，可以隱約感受到這間咖啡屋對咖啡的自傲。

於是那天點了綜合咖啡、吐司，結帳下來要八百多日圓，相對於其他咖啡屋提供的「蛋、沙拉、土司和咖啡」套餐要貴得多，但是咖啡香醇吐司鬆軟，這樣的早餐讓旅途的開始很幸福。

note 宮越屋珈琲本店

宮越屋珈琲本店
札幌市中央区 南二条西28
10:00～24:00, 無休

note 宮越屋珈琲PASEO店

札幌市北区 北6条西4丁目3-1 パセオ1Fファクトリーランド
7:30～22:00 (LO 21:30)，不定休

◖ 從早餐就可以感受到宮越屋對咖啡的自傲。

Brown Books Café

拿著咖啡MOOK簡易地圖在車站周邊繞來繞去，沒轍（本來就不該信任自己的地圖辨識能力），還是攔下一對母子檔問路，很巧的似乎兩人去過Brown Books Café。

像是兒子的男子跟Milly說，他去過，但是很難說明位置，可能要請Milly跟他們一起走。真是好心的母子。

在路上，像是媽媽的婦人還很親切地跟Milly聊著天，說那間咖啡屋她去過，以為咖啡有點苦（但還是加上一句，可能是自己的口味不同），店小小的一樓販售咖啡豆，二樓是咖啡屋。

兩人帶著Milly走了約四至五分鐘，才到了Brown Books Café，果然位置很隱密，不留意一定就會錯過。幸運的是，在咖啡店小看板的一旁，正是Milly要找的同區另一間咖啡屋森彥。

像是母子的兩人在好心帶路後，忽然小聲地商量起什麼。後來才像是作了很大決意似的，拿了兩本小冊子給Milly。還以為是推銷什麼東西呢！原來是教會的福音簡刊，希望Milly能在路上慢慢閱讀。

沒問題的！Milly雖然沒信教，對任何宗教都很尊重，更何況能這樣短短相遇也是緣分。

道謝後告別了母子（這時開始有點不確定），走向巷道隱密彎角處的Brown Books Café。先拍了一下外觀，可是這時赫然發現很明顯的位置掛著「禁止拍照」的標示，不知為什麼，那時Milly一下子怯步起來，沒敢再冒犯地繼續拍照。連在室內也是快快參觀了一下，乖乖地喝了杯咖啡就走了。

二層樓的老屋，空間並不是很大，卻很緊密地融合了店主的嗜好和心思：Brown是咖啡的顏色，加上書籍Books，於是店名是Brown Books café。

一樓是有機咖啡豆的販售店面，也賣咖啡雜貨，二樓是只有十個座位的小小咖啡空間，整面書架上放滿了繪本、寫真書、雜誌等。

店主在自己的咖啡屋網站上這寫著：讓生活中有咖啡有書，コーヒーと本のある生活を。

不知怎麼的，光是看見這行字就不由得幸福起來。

note Brown Books Café
───────────────
札幌市中央区南3条西26丁目2-24
11:00～20:00，週三休

📷 Brown Books Café　　　📷 森彦

森彥

離開了Brown Books café，下一個目標原本是對面走路十秒不到的森彥，但是已經兩杯咖啡下肚，很想吃點熱熱暖暖的食物，只得放棄單純供應咖啡和蛋糕的森彥，拿著相機在還沒開店的店前，前後左右不同角度地拍著，企圖用相機代替記憶，將這咖啡屋坐落在住宅區卻有如一間森林小屋的模樣保存下來。

非常喜歡咖啡屋被植物和鮮花濃密包圍著的姿態，尤其是那堆滿柴火的牆邊攀滿了白色薔薇，會企望著如果這是自己的住家，那該是多麼奢侈的幸福。
回到台北後再翻看雜誌書上的圖片，後悔著那天其實就算是冒著咖啡胃崩潰的危機，都該進去小歇一下才對。

其實說起來，一切都是因為一張圖片的誤導，當時手上的地圖導覽書的確標示著「茶屋森彥」的位置，畢竟這咖啡屋有著代表札幌風味咖啡的地位。
如請當地生活人士推薦一間札幌的咖啡屋，森彥幾乎都會第一個被列出來，就像京都大學對面的進進堂咖啡屋一樣。只是書上所貼的茶屋森彥照片不過才郵票大小，實在看不出魅力，因此那日一開始並沒有將森彥放入咖啡屋名單中。
沒想到來到當地一看，驚豔，卻沒有足夠悠閒的咖啡胃可以進去體驗一下空間。

倒是之前的BOYS BE，本來沒放入行程中，只是因為當日的行程很早，原本預計要去吃早餐的咖啡屋花元沒在預定的8點準時開店，由窗外偷窺，店內也不是書上那副植物茂密的模樣，門前殘敗的盆栽更讓Milly懷疑這店家對花木的誠意，於是臨時脫逃，改去同樣也是一早開店的BOYS BE。

如果真要比照片，花元比BOYS BE好得多，氣氛充分得多，只是用肉眼比較，BOYS BE卻又比花元意念完整得多。

note 森彥

札幌市中央区 南2条西26丁目2-18
12:00～22:30, 不定休

ATERLIER MORIHIKO

森彦。
もりひこ。
アトリエモリヒコ。
ATERLIER MORIHIKO。

這四個詞，其實有一個交集點，就是MORIHIKO，也就是森彦。
森彦是什麼意思？
森彦的老闆叫市川草介，那麼，森彦顯然不是店主的名字。
拆開來看。「森」是森林，「彦」是神話中容姿秀麗的男子。喜歡這個解釋，森林
裡的美男子。

咖啡屋森彦初期的名字叫做茶屋森彦，現在則定為Café MOR IHIKO。
那麼ATERLIER MORIHIKO跟森彦又是什麼關聯？
Milly帶著點小小的遺憾離開森彦之後，搭地鐵前往「西11丁目站」，那在咖啡路
線上的咖啡屋名字，就是ATERLIER MORIHIKO。

原來這間ATERLIER MORIHIKO是森彦在札幌開的二號店，只是Milly當時根本沒
有這麼去聯想，只是看到圖片上這間咖啡屋像是間陽光透亮的花房，非常吸引人，
於是前往。
一直到多日後於某間函館咖啡屋小歇時，翻看雜誌才發現，原來這兩間咖啡屋是出
自同一個老闆的手筆。

Milly沒有聯想到也不奇怪，因為兩間咖啡屋的氣氛是非常不同的。

森彥像是森林的小木屋，ATERLIER MORIHIKO則像雜貨工房。
森彥位在閒靜的住宅區一角，ATERLIER MORIHIKO則是在辦公區大樓邊。
森彥像是深思的美男子，ATERLIER MORIHIKO則像是輕盈的美女。
若要說相同點，大概就是那堅持自己一步步烘焙咖啡的烘豆機都放在咖啡屋內吧。

ATERLIER MORIHIKO是市川邀請心儀的cholon雜貨屋老闆菊地智子一起開設
的，概念是市川先生以為雜貨和咖啡可以很好地相容。
同時也符合他想呈現的意念：可以看見手工製作的場所。手工烘焙的咖啡和手工製
作的雜貨。正因如此，等待咖啡上桌的同時，還可在一旁的雜貨屋逛逛。

Milly非常喜歡這咖啡屋空間，有面對馬路的大落地玻璃窗，透過窗戶可看見路面
電車通過。咖啡屋以白色為基調，天井很高，轉動著扇葉的風扇，加上品味配置的
骨董鐘和咖啡道具，讓客人有置身在夏日湖畔歐風度假小屋的錯覺，像是水泥都會
中的綠洲一角。

Milly選在大木桌坐下，點了杯有點京都風的蜂蜜煎茶，一方面是因為之前已經喝
了兩杯咖啡，更因看見木桌那用嫩綠蘋果和綠葉裝點的桌飾，就想喝杯微綠的煎
茶。這大木桌原來也是有故事的，是店主市川先生買來的骨董桌，前身居然是北海
道大學的物理實驗室桌。
如果有機會去這間咖啡屋，會建議你點杯以16個小時抽出的「水出冰咖啡」，據說
是這裡招牌，飲品信心之作呢。

note ATERLIER MORIHIKO

札幌市中央区 南一条西12-4-182
ASビル 1F
8:00～22:30，週二休

FAbULOUS

離開了清新的ATERLIER MORIHIKO，一日札幌咖啡路徑的下一個目標是氣
氛完全相反，像歐風俱樂部或時尚Lounge的FAbULOUS。

位於地鐵東西線「バスセンター前站」3號出口附近的FAbULOUS，是一間集
合了流行服飾、骨董家具、歐風雜貨和咖啡屋等多項元素的消費空間。
其實一進到那非常寬闊像是大型倉庫的空間，很快就會感覺到這裡應該是越
夜越美麗才是，畢竟整個空間的氣勢和格調都極為都會洗練，雖說Milly是不
抽菸的人，不知怎的，覺得這裡似乎在煙霧瀰漫、杯光搖曳時會更有味道。

Café空間以落地挑高的大窗面向街道，透過落地窗看見周邊上班族踏著匆忙
的腳步穿梭著。不知是否是錯覺，總覺得大部分上班族在經過時都會轉過身
來張望一下，或許是渴望一份下午的悠閒，也或許曾經在此度過過愉快的夜
晚，經過時不免回味也不一定。

即使是中午，店內各角落的骨董燈飾和燭台依然很準確地演出著浪漫。像是
將海盜船內大藏寶箱改造過的餐桌前放置著皮製骨董椅，張張都很氣派，張
張都有不同的造型。
一盞盞墨黑的大型檯燈，在每個座位間充分顯現出華麗風情。厚重的奢華，
或許可以這麼形容。

或許是沒能在最適切的時間前去，中午時分店內唯一的客人就是Milly。

翻開厚重的MENU，點了羊肉燴飯和咖啡。

咖啡是用來消費空間的道具，羊肉燴飯則因為是在北海道，北海道最具特色的肉料理是成吉思汗，以為如果成吉思汗是羊肉料理，那麼北海道的羊肉品質應該相當美味才是。

果然羊肉異常軟嫩多汁，一點腥味都沒有。配菜的帶皮烤馬鈴薯也因為是北海道的水準，非常好吃。這道美味的羊肉燴飯，讓一早被咖啡和甜點占據大部分空間的腸胃，得到不同的溫暖滿足。

如果有天來到北海道，而妳又是洗練成熟的大人（不同於Milly的小氣度），或許可以在夜晚來到這FAbULOUS，喝杯酒，享受一個旅途上轉換氣氛的都會風札幌夜晚。

note FAbULOUS

札幌市中央区南一条東2-3-1 NKCビル 1F
12:00～21:00，無休

7月7日七夕的那一天,一早開始的愉悅咖啡路徑在三杯咖啡入胃袋後,到了差不多該轉換氣氛去觀光的時候,選擇位於札幌東區郊外的モエレ沼公園。
為什麼會把這公園放在以咖啡路徑為主題的一日小旅行中?主要在於結束モエレ沼公園散步後,有間很適合在鑑賞過藝術後前去的咖啡屋,正好在順線的路徑上。

在地下鐵東豐線「環狀通東站」下車,轉搭東69或79號的北海道中央巴士在「モエレ公園東口」下車,徒步約10分鐘就可到達公園的象徵標誌、愛稱為HIDAMARI的ガラスのピラミッド(Glass Pyramid)建築前。

「モエレ沼」,愛奴語是緩慢流動的水面,1982年札幌市綠化計畫將垃圾處理場改建成現在的公園綠地,1988年之後更邀請日系美籍雕塑家イサム・ノグチ參與企畫。(注:本名為野口勇,也是廣島和平紀念公園慰靈碑的創作者)
現在モエレ沼公園的模樣,就是實現イサム・ノグチ提出的「讓一座公園像是一個雕塑作品」的概念的成果。

遊覽モエレ沼公園要有一個心理準備,就是千萬不要小看它的規模,這真的是一個很大的公園。在公園的入口處有自行車的出租服務,遊覽不同主題區的最好方式,就是騎自行車。

📷 玻璃金字塔HIDAMARI

■ モエレ沼公園真的很大，最好租輛單車

Milly因為是交通道具白痴，只能徒步遊覽，因此就把重點放在金字塔形狀的玻璃屋建築HIDAMARI、周邊的モエレ山、兩個半圓錐體的ミュージックシェル（Music Shell）和三角錐雕塑的テトラマウンド（Tetra Mound）。

HIDAMARI所有的建築面都是玻璃，陽光非常透亮，但在夏天不會感到酷熱，原因是這建築導入了「雪冷房」的環保系統。就是在冬季大雪期間將雪儲入，到了七、八月盛夏再利用儲雪庫的熱交換冷水循環系統減輕空調負擔。基本原理Milly不是很明白，但是知道這建築在看不見的地方也很努力地環保著，有點感動呢。

雖說未必能充分掌握モエレ沼公園每個建築體的意念，但在企圖發揮「拍照力」這方面卻是得到很大的自我滿足。

其中兩個半圓錐體的Music Shell很有意思，概念是一個開放的舞台，兩個白色半圓錐體建物是所謂的舞台控制室。

沒有小型的戶外表演時，所謂的控制室就變成公共廁所，方便大家使用。

本來Milly還有一個目標，就是在HIDAMARI內的法國餐廳L'enfant reve喝杯咖啡小歇，可惜當日公休，未能如願。

只是，在這法國餐廳用餐可不便宜，最便宜的午餐套餐是2500日圓起跳，晚餐預算更是在4000至8000日圓上下，還建議要事先預約以免沒桌位。據知在這餐廳看著廣大園地的落日用餐，可是札幌都會男女約會熱門的絕佳景點。

---

note モエレ沼公園

札幌市東区モエレ沼公園1-1
7:00〜22:00 | www.sapporo-park.or.jp/moere/

Music Shell

茶廊法邑

幾乎是在決定去モエレ沼公園的同時，就決定一定要去這間咖啡屋「茶廊法邑」。
一間兼營畫廊的咖啡屋，在情緒連結上是很完美的。

茶廊法邑位於地下鐵東豐線「環狀通東站」徒步約10分鐘的地方。環狀通東站剛好
是前往モエレ沼公園的轉車處，所以返回札幌之前可順路去喝茶小憩。
為防迷路浪費了悠閒的時光，在返回環狀通東站後Milly就認命拿著地圖問路。
好在有一路問下去，否則迷路的可能性極大，因為咖啡屋坐落在工廠、公司和住宅
區之間，而且整個建築低調地以混凝土牆環繞掩飾，若非依著咖啡店導覽書引導，
還真不知這裡有這麼一間建築本體得過很多獎項的咖啡屋。如果就這麼路過，或許
只會以為這是哪家有品味的豪宅。

沿著水泥牆坡道進入門口，豁然看見一個像是小型美術館的空間，自然光輕盈地在
白牆上畫著光影，然後音樂安靜地流動著，一個很容易就一見鍾情的舒適空間。

note 茶廊法邑

札幌市東区本町 1 条 1 丁目8-27
10:00-18:00, 週二休
http://houmura.com/gallery.html

以飲料吧檯為區間，一邊是藝廊一邊是咖啡屋。咖啡屋空間寬敞挑高，卻很刻意拉低窗戶位置，如此不但可更精準隔絕外面的混雜，也能框住戶外精心種植的日式庭園，看去有如一幅畫軸般。據說這空間的設計師，跟北海道小樽的頂級旅店「藏群」是同一人呢，原來如此。

已經過了午餐時間，否則這裡的素雅和風午餐套餐，例如「日替わり箱膳」聽說是很推薦的。Milly當天點的是煎茶配上精緻的和菓子點心，喝口煎茶，整個人都鬆弛下來了。正像這咖啡屋網站所說的，來到這裡可以什麼都不做，只要放鬆肩膀讓時間緩緩移動就好。

一早從大通公園散步開始的愉悅一日咖啡路徑散步，在離開茶廊法邑的午後四點多告一段落。回想著那天的美好咖啡時光，能確定的是，或許不會為了薰衣草再踏入北海道，卻一定會為了北海道的咖啡屋再次回到北海道。

◕ 有如小型美術館的茶廊法邑

積丹半島。來去吃新鮮海膽的巴士之旅

多樣的巴士小旅行團

絕景積丹一日遊
・余市宇宙記念館　　　　　　・島武意海岸
・鱗晃莊海膽　　　　　　　　・神威岬
・余市威士忌酒廠

途中下車暮色小樽
・雜貨屋vivre sa vie+mi-yyu　　・酒屋花ごころ

7月26日再遊艷陽下的小樽
・北菓樓泡芙　　　　　　　　・煤油燈餐廳北一ホール
・Hotel VIBRANT

錢函站的無敵海景餐廳

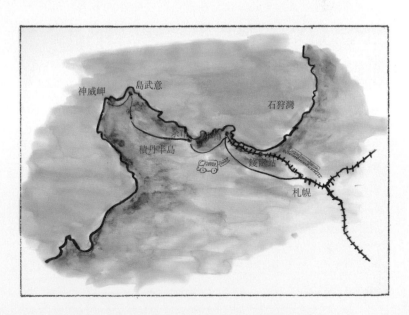

7月8日，目標積丹半島，搭當日往返的觀光巴士前進。

在札幌利用中央巴士可以前往很多區域進行當天往返的小旅行，有的附午餐有的沒有，大部分都含觀光入場券。

行程大致可以分為幾大方向。以札幌為中心的觀光動線像是札幌市時計台、石屋製菓白い恋人パーク（白色戀人公園）、大通公園、北海道廳舊本廳舍、中央卸賣市場場外市場。稍微延伸到郊外則有羊ヶ丘展望台、北海道開拓之村和Sapporo Beer。離開札幌市區則有小樽、美瑛和最熱門的旭山動物園。其他主題旅行則有Milly這次參加的絕景積丹岬，以及加油吧！夕張一日應援團、日高探訪競馬故鄉團、北竜向日葵團、二世谷神仙沼散步團等。

其中很有趣的是加油吧！夕張一日應援團，夕張是哈密瓜名產區，但是近年來地方財政出現狀況，瀕臨破產。消息曝光後，除了夕張當地人士，其他縣市也希望能幫助這「窮困」城市度過財務危機，於是就有了這樣的「加油吧！夕張一日應援團」。

只是看了一下行程，沒能引發太大的興趣，sorry無法助一臂之力。旅途中吃了一片夕張哈密瓜，不知道算不算是有幫助到？

參加旅行團不是Milly習慣的旅遊方式，記憶中唯一參加過的泰國旅行團是公司旅遊，但如到一座城市旅行時，偶而也會加入所謂的city tour，在澳洲、韓國、德國、峇里島和泰國都有到了當地才報名觀光巴士團的經驗。

只是，一般大都會的city tour多半是提供給外國散客，而在日本，參加的似乎大多是日本人。幾乎每家巴士公司都有地域性的觀光巴士路線，有隨車導遊，有的會附上午餐或獨家的參觀行程。

這次北海道旅行中，7月8日Milly參加的是絕景積丹，一日遊費用7500日圓，往返時間大約9小時，主要行程是札幌－島武意海岸－午餐－神威岬－余市威士忌酒廠－小樽－札幌。因為不了解這類巴士的訂位狀況，為免到了札幌搭不上車，於是在台北就利用J-Bus這網站訂好位。

預約完成後會收到一個預約代號，拿這代號到當地的巴士購票窗口，付款後即可拿到車票。

若不是旺季，到了當地再買也可，像是7月8日這樣的非假日，巴士就只坐滿四成，Milly甚至是第一排的靠窗位，想來是第一個預約的關係。

這次去積丹之所以搭觀光巴士,而不是如往常自立自強搭大眾交通工具前往,主要是因為搜尋過資料後,發現即使夏季班次相對較多,但從札幌前往積丹,幾乎都要在小樽轉巴士。
札幌直達神威岬的巴士,一日只有一班,而且還是4至11月的期間限定。如果先到小樽經由余市到達神威岬,來回車費大約要五千多日圓。

相較之下,觀光巴士的行程不但涵蓋了積丹半島神威岬和余市威士忌酒廠,更多了島武意海岸,還包含中餐,而且四點多到達小樽後還可途中下車,多出一段小樽的黃昏散步。另外還可省下等車時間,計算後就想不如參加這觀光巴士一日遊。

在搭巴士之前,Milly先一大早起來開始自己的小旅行,帶著小光相機前往Fino Hotel附近的北海道大學清晨散步。
除了白楊並木之外,在校區散步沒有太大目的。光是置身在幅員遼闊、綠意盎然的校區,已經感覺非常舒暢。
但北大真的很大,Milly花了將近一個小時還走不到半個校園,當然那是慢慢晃。

充分運動之後的早餐似乎更加好吃。在旅館咖啡屋吃了早餐後,走到札幌車站旁北海道中央巴士的觀光巴士二樓售票口前集合,出發時間是9:10。
觀察一下單身遊客,除了Milly外,只有一名像宅男的男子,其他幾乎都是結伴而

■ 真的很大的北海道大學

 即使在陰天仍很湛藍的島武意海岸

來，年齡層也意外地沒有偏高。

還沒出車站就遇到大塞車，原來那天正好是G8世界高峰會在洞爺湖舉辦的日子，整個札幌市都在警備狀態，巴士出發時剛好撞上八國元首的車隊。

雖說因為警備狀態，街上有點硬梆梆的氣氛，但是多了一個很特別的樂趣，就是去發現這警察是從哪裡來支援的。每個警察都會別上所屬地區的標章，Milly就看到了大老遠來自四國高松和沖繩的警察，很有意思。

在塞車時間，車上的熟女導遊不斷說話讓大家分心，在整個行程中她也是一直一直在說話，介紹周邊景點、講笑話、說故事、熱場，似乎不容許有任何冷場。

導遊自然是說日文的，如果不是那麼想知道觀光資料，聽不懂倒也還好。

余市宇宙記念館

從札幌一路經由小樽到達余市宇宙記念館。余市宇宙記念館在余市威士忌酒廠旁，但巴士只在這停車，時間只夠買買紀念品和上廁所，不夠去酒廠和宇宙記念館。所有city tour或許都這樣。

不過紀念品販售處還挺好玩，可以買到五百日圓一大盒余市現採的新鮮櫻桃，也可以買到有酪農照片亮相掛保證的新鮮優格。

優格濃郁好喝，不愧是北海道。

島武意海岸

離開余市宇宙紀念，繼續前進目標第一個旅遊點：島武意海岸。沿路導遊熱心說著哪一個岩石像熊或像一個人的臉，大家忙著左看右看。

9:10出發的觀光巴士，終於在接近12點的時候到達島武意海岸。要觀覽島武意海岸，必須先穿越一道由漁夫徒手建造沒有燈光只能容兩個人通過的窄小黑暗隧道，一出隧道，眼前就是海岸百選之一的島武意海岸。
如果是陽光照耀的天氣，一出隧道可能會驚呼連連，因為即使在陰天下，海水還是隱約閃爍著寶石般的湛藍，可以想像藍天下海水的藍會是多麼耀眼。

鱗晃莊海膽

島武意海岸觀光完後，在前往重點神威岬之前，先到附近的鱗晃莊用餐。
之前就覺得鱗晃莊這名字很熟悉，原來是Milly曾經想要預約的漁夫民宿。
如果自己前來，可能略嫌偏僻，雖說巴士站就在一旁，但附近沒有一間像是商店的商店。

午餐料理不能算是很豪華，但還頗地方風味。
只是期待的海膽卻沒出現，原來午餐沒附，必須自費加點。

📷 在兼營餐廳的漁夫民宿鱗晃莊吃剛撈上的海膽

啊，被騙了！其實也不完全算被騙。根據資料顯示，7、8月是積丹半島海膽的盛產期，但巴士行程上的確沒注明可以吃到新鮮海膽，只是Milly自己幻想至少會附上一粒海膽讓大家開心才是。

人都來到積丹半島了，不吃新鮮海膽不是入寶山空手而歸嗎？

於是就像其他日本遊客，也點了2人份1600日圓當天早上才撈起的海膽來獨享。

賣相雖說沒有大餐廳精緻，但真的好吃。

海膽的鮮甜濃郁加上海水的天然鹹度，真是美味得沒話說，也只有在漁港邊的漁夫餐廳才能吃到這樣樸實又新鮮的海味。

● 神威岬

吃了新鮮的海膽之後，坐上巴士，目標神威岬。

神威岬滯留時間一小時，讓遊客有充分的時間步行，花上20~30分鐘從「女人禁制門」一直走到最前端的神威岬燈塔，觀覽海岬最前端那像是燭臺的岩石。

熟女Milly大大方方穿過女人禁制門，原來這裡在1856年以前都是禁止女人通行的。傳說是一個愛慕源義經卻得不到回報的女子，在此跳水化成妖魔，之後只要是有女人搭乘的船，就會翻船，因此這裡就成了女人禁止入內的區域。

◖ 絕景積丹岬的主要行程神威岬，海岬及野花是觀賞重點。

◖ 女人禁制門，現在女人可以大大方方通過。

更有一說，那像是燭臺的神威岩正是跳水女子化成的。

不過如果真的一直都不讓女子通過這海岬，未免也太可惜了，因為這裡到了6、7月
會開滿ゼンテイカ，非常美麗。（ゼンテイカ又說是禪庭花，應該就是我們說的金
針花。）

斷崖般的海岬伸向海面，走向海岬最前端，步道兩側是宜人的碧藍海岸以及野花，
一路走下來非常舒暢愉快，不時會被可愛的各式野花給吸引，停下腳步。

導遊說這天雖然有點小雨卻奇蹟地居然沒風，是很少見的情況，因為這區域是有名
的強風區，會讓人連站都幾乎站不穩。

如果真的是強風時間，女人禁制門後方的步道會封鎖，前往之前或許要查一下天
候，以免敗興而歸。

余市威士忌酒廠

離開了神威岬後，絕景積丹岬的主要行程基本上就已經算是完成了。

可是Milly心中暗暗期待的，是另一個可能可以去也可能不能去的景點，那就是余
市威士忌酒廠。

◨ 余市威士忌酒廠是這趟巴士旅行的「主要行程」

巴士之前曾在余市威士忌酒廠（余市ニッカ工場）一旁的余市宇宙記念館休息過，當時就擔心難道這就「算是」來過余市威士忌酒廠了，加上行程表上有注明，如果交通延誤了，此段行程可能會取消。

而「余市ニッカ工場」旁還加了注解，「如果因為交通壅塞而延遲抵達，可能無法繞道過去。」

Milly一路上暗暗焦慮著，畢竟這行程在出發時就有點小延遲。
說起來不誇張，雖說積丹岬真的也是吸引人的海岸絕景，但之所以一直想到這地方，主要還是因為余市威士忌酒廠。說得更正確一點，是為了酒廠的建築外觀。
前往積丹岬都要繞道余市，加上7、8月是海膽產季，所以才順便去積丹岬。
因此在Milly的概念中，余市威士忌酒廠才是這趟巴士旅行的主要行程，如果有狀況不能前去，就太懊惱了。

好在是Milly多慮了，巴士很友善地將Milly一行人送到酒廠區內，而且大方地給了30分鐘的時間。
因為是團體行程，首先由熟女導遊帶著大家進入工廠試飲區，很愉快地試喝了三小杯威士忌（真大方！）。其中最愛的是用余市精選蘋果釀造的Apple Wine，只是不知道這算不算威士忌呢？唉，近日愛上在旅行中小酌的Milly似乎熟女度還不夠，還是喜歡甜甜滋味的酒。
據說本來試喝是可以「無限暢飲」的，但一方面酒喝多了容易出狀況，還有人每天以通勤的方式來試飲，讓酒廠很頭痛，後來才改成團體客限定試飲。

帶著小小的微醺，腳步加快，沒跟其他日本觀光客一樣繼續在那裡淺酌各年份的威士忌，而是按照地圖以「瀏覽」的方式體驗酒廠。也就是說，酒廠腹地其實不算小，如果有興趣，或許留下更多時間去觀覽比較好。

號稱在自然水質的地域優勢下堅持傳統技術、灌注熱情的Nikka Whisky（余市威士忌），已經儼然日本的第一威士忌品牌，其中限定商品像是竹鶴21等，更是收藏家的最愛，一瓶難求。

從1936年開始使用的建築，已經正式登錄為有形文化財，置身其中，有種不是在日本的錯覺。

Milly曾經因為工作關係去過蘇格蘭威士忌酒廠，來到余市威士忌酒廠竟有點「舊地重遊」的錯覺，可能是當初興建時的確是以蘇格蘭酒廠為藍圖的關係。

花園、綠草，林蔭圍繞的威士忌博物館、原酒販售所、原酒儲藏庫等石造建物可讓人很悠閒地散步，也讓手上的數位相機貪戀地捕捉著每個時光似乎停滯的角落。

瀏覽了威士忌工廠後，離開之前買了一樽余市威士忌。

小小的比手掌還小的隨身瓶，旅途上分幾天加入冰塊慢慢小酌，不壞喔。

🔘 余市威士忌儼然日本的第一威士忌品牌

離開了余市後，大約一個多小時就到了小樽。
大部分遊客會在此滯留30分鐘，然後上車回札幌。也有部分旅客跟Milly一樣在小樽途中下車，繼續在這浪漫港都迎向暮色。

已經第幾次來小樽了？記憶重疊混淆著，已經不能分辨。
只是貪戀這裡暮色中的魅力，因此這次途中下車沒有特定目標，重溫和確認的成分多於新發現。

小樽是座港口，自古以來商貿活動繁盛，尤其是從大正到昭和初期間，大量金融機構在此興建開業，讓小樽有「北方華爾街」的稱號。
諸如舊三菱銀行小樽支店、舊北海道拓殖銀行小樽支店、舊三井銀行小樽支店，這些銀行幾乎都已經關閉，但歐風氣派的建物外觀卻是小樽觀光珍貴的資源。
除了氣派的銀行建築外，以商都興盛起來的小樽更是處處留下了倉庫、商家、店鋪、豪邸等等優雅氣派的懷舊建築。依地圖去一個個check這些歷史建築，是小樽的散策主題之一。

觀光巴士下車地點是「北海道中央バス小樽運河ターミナル」，在此可以留意一下，因為這巴士站正是當年的舊三菱銀行小樽支店。
然後離開巴士站，目標小樽運河的倉庫群。
在往運河邊石造倉庫群的路上，先被大正硝子館攀滿藤蔓的建物給吸引，進去了這以倉庫改建的玻璃工房，欣賞一下各式玻璃製品。
看到了幽暗空間中華麗的精巧的可愛的玻璃製品，身在小樽的感覺就一瞬間浮現了，畢竟玻璃工房是小樽的特色之一。如果事先預約，這裡也可以體驗玻璃工藝的製作。

如不想做玻璃製品，對面還有間蠟燭工房，可以製作獨創的自我風蠟燭。
Milly進去這蠟燭工房瀏覽了一下，以為這裡的作品都加入了時尚雜貨元素，當作禮物應該不錯，最喜歡的是放在店門前石缸內的蓮花蠟燭，很有風味。

繼續散步，經過掛著燈籠賣著烤雞肉串、咖哩飯、海鮮蓋飯、霜淇淋等屋台風（夜市攤販風）的小樽出拔小路，以及再現昭和20~30年代小樽街道的小樽運河食堂，如此就到了運河一端的淺草橋。
從淺草橋到龍宮橋正是小樽運河最熱鬧的觀光區域，觀光客熱絡地拍著的人力車更是把這裡當成攬客的重點區。

 大正硝子館的玻璃工房

 時尚雜貨風的蠟燭工房

Milly沒選擇觀光動線的小樽運河ふれあい散步道石板路，而是沿著靠近碼頭那側的石造倉庫群散步。

因為比起熱鬧的運河道，更喜歡這一側有些斑駁的倉庫模樣。
啊～～看到了！好熟悉的感覺。這角落是Milly最喜歡的小樽角落之一。
透過窄窄的石板巷道可以隱約看見運河，在巷口一端是和風咖啡屋ほとり，ほとり是「畔」的意思，湖畔、河畔、運河畔，縱長的餐廳設計，一面窗向著運河，用甜點時可以選個看得見運河的位置，享受一個悠閒的下午茶時光。
記得第一次路過就被這舊倉庫和遠離遊客喧囂的石板路巷道角落給吸引（日文中這樣沒出口的窄小巷道，可稱為袋小路），於是選擇在靠近運河的露天座喝杯咖啡，享受著幽靜的午後時光。
在回憶小樽的時候，這個懶洋洋的舒緩空間總會第一個浮現。
正因如此，來到小樽就一定會繞道過來，確認這幽靜的角落依然幽靜地存在著。

離開了位於涉澤B號倉庫的ほとり，繼續沿著倉庫邊的步道前進。有的倉庫已經改建為啤酒屋或炭烤餐廳，有的倉庫依然是倉庫，相同的是在歲月沖刷下斑駁的外觀非常動人，忍不住停下腳步細細讚歎一下。
繞到碼頭邊吹吹海風聽聽海鷗的聲音後，回到運河邊通過中央橋，在橋上拍下石造

比起熱鬧的運河道，更喜歡這些斑駁的倉庫

■ 很難想像沒有海貓屋的小樽

■ 望向港口

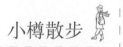
小樽散步

■ 海貓屋的生魚海鮮蓋飯

■ 袋小路，最喜歡的小樽角落

倉庫群倒映在運河的姿態，這個動作也是來到小樽必做的儀式之一。

夏季日落得晚，即使已經接近五點多，運河的水面一點暮色都還沒染上，因此沒能拍到預想中暮色下的小樽倉庫運河。

在橋上巧遇紅綠鮮明的小樽觀光循環巴士後，下個目標是海貓屋。

幾次來到小樽為了尋找海貓屋迷路後，現在已經能很準確的抓到海貓屋的位置，可以一路悠閒停停走走地散步過去。

小樽觀光協會、小樽市博物館、小樽俱樂部、小樽運河工藝館，一路瀏覽，再從巷弄進去，很快就會看見海貓屋那依然被藤蔓密實覆蓋著的紅瓦屋舍。

不過在跟海貓屋敘舊之前，先被對面嬌艷的粉紅玫瑰給吸引了。

非常喜歡這樣的畫面，樸實的老屋前恣意盛開的華麗玫瑰，落差的組合真的很棒。

分心看了老屋玫瑰後回到海貓屋，可惜是在五點半晚餐前的小歇時間，餐廳不在營業狀態。也還好，只要能看見海貓屋依然沒被時代吞沒，凜然自傲地佇立著，就已經很幸福。

小樽＝海貓屋。至少在Milly的方程式中，是這樣進行著。

沒有海貓屋的小樽，已經很難想像。

●雜貨屋 vivre sa vie+mi-yyu

沒能在海貓屋用餐，開始盤算在返回小樽車站的路上找間外觀合宜的餐廳吃吃晚餐。

只是還沒發現餐廳，一出了海貓屋的巷道，先看見了色內大通上一家石造古民家改建的自然風雜貨屋vivre sa vie+mi-yyu（ビブレサビプラスミュ）。

真是一間好可愛的店，忍不住駐留了一會，在店內流連著。

雜貨、繪本、綠色植物是這間可愛雜貨屋的主題，小樽果然還是

note vivre sa vie+mi-yyu

小樽市色內2丁目4-7
11:00~18:00，週一休

不同了，不然怎會出現這樣可愛的雜貨屋。

雜貨屋是明治38年（1905）建造的，原本是販售文具、紙張、茶葉的川右商店，店內主要販售從法國輸入的雜貨和繪本，另外自然風的服飾則是札幌手創職人的作品。

走可愛風的雜貨屋，主題是雜貨、繪本、綠色植物

居酒屋花ごころ

離開海貓屋和可愛的雜貨屋後，馬上在往小樽車站的中央大通上以直覺發現了這間舊銀行改建的居酒屋。

這餐廳原本是安田銀行，是頗有歷史的建物。

進去後更加驚豔，在銀行特有的挑高氣派空間內很戲劇化地佇立著一株大大的櫻花，雖是人造櫻花，但姿態很生動，像是真的會迎風飄散花瓣一般。

選了個面向櫻花樹的位置，點了份1380日圓的海鮮蓋飯套餐。

在等餐點上桌的時候細細瀏覽著裝潢。的確這餐廳有很好的歷史建物空間，像是氣派的扶梯、迴廊以及厚重的金庫鐵門，但是在新舊融和的設計上卻似乎沒能真正善用空間本身原有的氣質，有些太急躁地想置入現代時尚元素，用的建材和桌椅又有點廉價，讓整體的空間感顯得有點輕薄，像是一位老紳士穿上了不合宜的粉紅西裝。

不是說空間不夠美好，畢竟已經足夠讓女生一下子喜歡起來，只是如果能更用心就更好，服務人員的姿勢也有點不正式的感覺，可能是新店，還有改進的空間。

套餐送了上來，嗯～～感覺一般，吃下去～～糟糕！尤其是生魚海鮮蓋飯，一點都不及格，只有螃蟹腳因為食材新鮮，還頗美味。

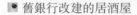 舊銀行改建的居酒屋　　　　　　　　　生魚海鮮蓋飯

心想真不該喜新厭舊，多等個半小時在海貓屋用餐就好。

吃了這滋味平凡到讓人失望的花ごころ海鮮蓋飯後，懷念起海貓屋那美味得讓人記憶深刻的義式生魚海鮮蓋飯。

同時感到有點憂傷，想著這美好的古典歷史銀行建物落在不懂得珍惜的人手上，真是遺憾。

離開餐廳，回頭再看外觀。還是忍不住嘆口氣，希望這老建築能有翻身的機會，找到真正的知音。

note 花ごころ

北海道小樽市色內2丁目11番地
11:00~17:00, 17:00~23:00
無休

離開了迎向黃昏的小樽，盤算著旅途上什麼時候或許可以再繞道過來，只是沒想到再去小樽居然是旅途的最後一日，搭飛機離開日本的那天上午。

Milly這趟北海道花花草草遊晃之旅，是從7/6~7/26。
行程中沒有刻意安排小樽的行程，以為反正小樽離札幌不遠，這次在札幌停留的時間不短，應該隨時可以前去。
小樽之於札幌，就像鎌倉之於東京，一個可以短時間離開大都會換個氣氛小歇的所在。即使是乘坐慢車從札幌往小樽也不過是四十多分鐘，班次非常多，更美好的是途中有極大一段路線是貼近海岸線前進的，因此只要想到要在小樽－札幌間往返，心情總像是郊遊一般。

只是，或許因為太容易前往，或許是已經去過不少次，以為不是絕對要去。就這樣一轉眼，一直過了兩星期多才再次踏上這風味港都，而且還是在一陣猶豫之後。
付諸行動的契機是——藍天！

說起來有點計畫之外（天氣當然是不能計畫的！），這回的北海道之旅，藍天的日子出乎意料地少。
偏偏在離開北海道的那天，一早醒來看見窗外的藍天以高姿態呈現著，以為怎能辜負這樣的好天氣，前一天還在猶豫下午5點搭機前的大半個白天該留在札幌還是去小樽，就幾乎是毫不猶豫地馬上決定是小樽。

依照前一日演練過的計畫，先在Fino Hotel高層餐廳吃個豐富的自助早餐。請留意

■ 天氣大好，吃完早餐當然要到小樽散步　　　■ 假日專用的一日散步きっぷ，請多加利用

一下這張豐盛的早餐照片，先不忙著感嘆Milly真是大胃袋，而是留意一下那早餐托盤上倒映的藍天，是不是很美呢？

早餐後去札幌車站內散散步，在9點部分商店開張之後快速買好北海道的伴手禮，像是六花亭糖果等。

然後開始小樽陽光大好小旅行。

通往陽光小樽之旅的通行證，是一張只有在假日才能購入的一日散步きっぷ（道央圈用）。2040日圓的PASS，限於週六日或是假日使用，一日24小時內可搭乘普通或快速列車從札幌前往小樽、長万部、室蘭、夕張、新得，甚至是美瑛和富良野，最重要的是還可以前往新千歲空港。

計算一下，札幌小樽間來回是620×2，1040日圓。從札幌前往新千歲機場，乘坐JR是1040日圓。總共是2080日圓，小賺40日圓。

不過因為可以途中下車，所以算是很划算的票券。

當然，如果是前往富良野，光是普通車單程從札幌經旭川到富良野就要花費3570日圓，這時這張票就更是實惠的假日專用票券了。

題外話。使用這一日道央散步PASS，到達當日最終站新千歲空港站時不過是下午三點多，為了讓這張票更有價值，Milly在機場JR售票窗口前攔下一對剛剛抵達札幌的日本情侶，將這票送給兩人，讓這票券能更充分地發揮，畢竟這票還有將近9小時的效用。

只是Milly這突如其來的贈與有些嚇到這對樸實的日本小情侶，回神過來也只能傻

■ 堺町地區的地標メルヘン交叉點　　■ 搭火車從札幌到小樽，沿線的石狩灣也是美景

■ 小樽最熱門的觀光區堺町通

傻地說謝謝。

從札幌前往小樽建議要check一下時刻表，畢竟快速列車比普通列車省時間（即使只是10分鐘上下）。
乘坐9:31發車的區間快速いしかりライナー（石狩快車），到達小樽是10:10，列車貼著陽光普照的石狩灣前進，心情一下子高揚舒暢起來。

到達小樽站後先拍下月台的煤油燈，然後出了月台，抬頭拍下小樽車站大廳最具特色的煤油燈透天窗。離開車站後沒如往常地花上十多分鐘從車站步行到運河區，而是買了觀光循環巴士券，直接到主要目的地北一硝子三號館內，之後到周邊的堺町地區，再沿著堺町通慢慢散策，走回小樽車站。

巴士下車後繞個彎，先到堺町地區的地標メルヘン（德文marchen，童話之意）交叉點，在這交叉點上有石造長夜燈和蒸汽時鐘，不去計較那觀光客喧鬧聲的話，會以為這裡的景觀還真有點威尼斯風情呢。
很久沒來，小樽堺町通似乎變化很大，除了原有的玻璃工房、歷史老屋和懷舊風情雜貨屋外，多了很多甜蜜的元素，就是多了很多甜品屋。
先看見了洋菓子屋LeTAO，不但看見了放在櫥窗內像是寶石般的精緻巧克力。還有各式華麗的蛋糕，要全身而退不買些甜點甜甜嘴巴還真要有點意志力。

在距離LeTAO不遠的對角還可看見一個很時尚的建築，那是LeTAO的巧克力專賣店le chocolat，Milly路過時正好店員拿著招牌巧克力大方讓遊客試吃，嗯～好吃！很濃郁又滑潤。
LeTAO一旁是北海道甜品屋大當家六花堂，六花堂旁邊是泡芙人氣熱賣的北菓樓。

📷 小樽車站的懷舊道具：煤油燈及
　 玻璃窗

北菓樓及人氣商品泡芙

北菓樓泡芙

北菓樓簡直就是甜點的樂園，不但有現場烘培的人氣商品樹輪蛋糕妖精の森和夾心餅乾はまなすの恋（浜梨之戀），還可以買到各式各樣的泡芙。

泡芙的名字都很浪漫，像是夢不思議、北の夢之類的，Milly忍不住買了個夢不思議來吃，好吃，很推薦。但就是因為吃了這泡芙，本來要去的堺町通上老屋咖啡屋さかい屋就放棄了，只在那百多年歷史的老屋前流連了一下，未能入內吃份和風甜品。

煤油燈餐廳北一ホール

順著堺町通繼續散策來到北の大地美術館邊的北一硝子三號館前，幾乎是毫不猶豫地直接前進那充滿了煤油燈的餐廳北一ホール，印象中這裡的餐食只是ok而已，但餐廳整體的氣氛卻是絕倫。

為了入內體驗那氣氛，以往都會不好意思點些餐點當作入場券，這次一方面是時間有限，一方面是要留著食慾去一間海邊餐廳用餐，於是厚顏地只是站在入口和側門窗口拍下照片，就摸摸鼻子裝作沒事走開。

鏡頭下那布滿煤油燈的北一ホール氣氛依然不辜負期待，

如果時間再充裕些，即使餐飲普通還是願意點杯咖啡，慢慢品味這不論白晝黑夜都持續演出著浪漫燈火的空間。記得有次前來，餐廳中央正進行著鋼琴現場彈奏，燈火搖曳下那遺世的悠然感頗讓人印象深刻。

Hotel VIBRANT

繼續散策，沿著堺町通穿過壽司屋通，在日銀通上的三角街口上看見Hotel VIBRANT，這也是小樽回憶路徑上要check的建築物。

只是似乎每次來都有些小變化，這次看見這舊北海道拓殖銀行小樽支店改建而成的旅館，在歐風玄關入口處掛上了Chocolat De Nord的標誌，後來查了一下資料才知原來這是首次引入日本的比利時精品巧克力，開在Hotel VIBRANT的巧克力店是由

比利時的巧克力師傅和日本太太一起經營的。

這次發現小樽多了很多精品手口巧克力店，倒也不感到突兀，跟小樽整體歐風典雅建築群很搭配。

只是Milly的目的不是那巧克力，而是旅館附屬的咖啡屋。

陽光透過玻璃窗灑入，偌大咖啡屋只有吧檯前一個跟中年女服務生聊天的中年男子。

整體空間泛著懶洋洋的沉澱空氣，似乎是唯一店員的中年婦女也沒有殷勤招呼的企圖。

倒是非常有設計風的咖啡屋桌椅上放著一個個「預約」的牌子，看來是已有團體包下下午茶時間了，不知怎地安心起來（笑），這樣沒有包裝企圖卻擁有如此美好空間的旅館，真的不希望被淘汰掉。

本來就是一個可以不用消費就能夠進去參觀的空間，因此可以很自在地瀏覽著各角落，非常喜歡咖啡屋磨石子地上鑲上的一條條游動的魚，來到這旅館請記得不要只往上看和旁邊看，請把目光移下來，看看那在各角落一條條游動的魚。

滿足於Hotel VIBRANT的典雅浪漫後，腳步毫不留戀地快快前往小樽車站，下個目標是在返回札幌路線上一個普通車才會停靠的小站「錢函」。

■ 擁有美好空間的Hotel VIBRANT及附設咖啡館

為什麼要在這錢函站下車？

當然不單單因為這是站名寓意很吉利的車站（錢函是錢箱的意思，來此一遊就可提昇財運），更在於這靠海的車站旁有一間可以眺望整面石狩灣的義大利餐廳癒月。

這是Milly在函館的咖啡屋翻看雜誌時發現的海岸餐廳。

一眼就被那可以最大的角度看見大海的餐廳設計給吸引，當時就立刻將地址記在隨身的筆記本上，計畫回札幌時可以繞道過來。

出了錢函車站，即使是路痴Milly也能輕易走到癒月，因為從火車上已經看見癒月很明顯地佇立在岸邊，出了車站左轉走過去不用三分鐘。

不是很時尚摩登或古典風味的義大利餐廳，基本上更像是地區性的家庭式餐廳。

只是視野真的是一流，靠窗的位置設計為一個個包廂，每個小包廂的桌子都面窗，都能清楚看見無邊廣闊的海灣。

Milly幸運地占據了餐廳最前端的三角窗位置，完完全全擁有整面藍天碧海。

窗外可看見海鷗逆風飛行著，另外，對於號稱是女子鐵道迷的Milly來說，另一個絕佳的享受是可以看見沿著海岸行駛的列車。

這樣的絕景餐廳，這樣的藍天好天氣，讓人滿滿地幸福起來。

至於餐點，其實頗用心，但不到美味的標準。誰管這一些呢（喂！這會傷了大廚的心）！能看著如此無邊海景用餐，吃什麼都是美味。

如果你不想來這家未必好吃的義大利餐廳，車站的正對面還有間老外開的咖哩屋，一樣有面海的位置，可以參考一下。

📷 癒月無敵海景

■ 癒月的義大利料理

■ 可愛的海邊小站錢函

note 癒月

小樽市錢函1-23-2
11:00～15:00，17:30～21:00，週一休

富良野。好天氣就去富良野吧！

夏天還是該去看看薰衣草
・壽司屋ふらの海の花
・富良野
・美瑛ノロッコ号
・富田牧場

第幾次來到美馬牛？
・美好咖啡屋Gosh

夜色列車前進極北稚內

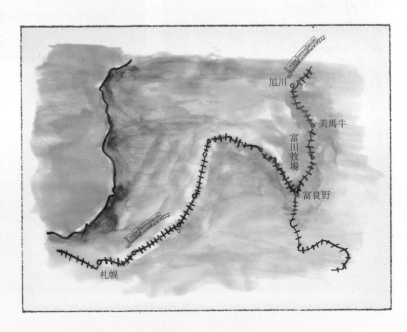

7月9日是開始使用北海道周遊券10天選4天的第一天。

可是問題發生了，北海道周遊券必須在購入當天開始使用，這樣的話，Milly在出發前精心規畫一早從札幌前進稚內、預計下午一點半到達之後立刻開始遊覽最北端宗谷岬的行程就行不通了。

因為上JR北海道網站確認，出售北海道周遊券的JR總和案內所是在早上8:30開始服務，很不巧，最早一班特急也正是在8:30開出，而下一班直達稚內的特急是12:37開出18:11到達，基本上什麼行程都已經不能進行。

發現這狀況後，Milly當機立斷改變計畫，加上天氣預報中這天富良野天氣極佳，於是將三天後的行程提前，先去富良野和美馬牛，再搭上最後一班經由旭川的特急前往稚內。

這靈機一動反而意外地讓Milly能更完美連結了一些有特色的季節列車。

這天的完美動線是在翻看時刻表發現9:06有班直達富良野的特急ラベンダーエクスプレス（富良野薰衣草特急）後，開始啟動。

薰衣草特急9:06從札幌出發，到達富良野是11:02。在觀光服務處寄放好行李吃過

📷 富良野薰衣草特急

午餐，搭乘11:52的富良野‧美瑛ノロッコ号，12:13在薰衣草田臨時站下車，充分遊覽後，搭上14:20前往美馬牛的列車。

之後預計在美馬牛的Gosh下午茶，再繼續搭上16:09返回富良野的列車。拿回行李，搭乘16:55往旭川的列車，到達旭川後時間依然充裕，計畫在站前百貨公司地下街買些在車上吃的料理，搭上19:11前往稚內的特急，22:47到達。

是不是一分鐘都沒浪費呢？自己對這樣的行程很滿意。

其實以時刻表來看，從美馬牛也有可以直接到達旭川的列車，但是為了方便寄放行李，就還是以富良野為中繼點。

不過比較失算的是，後來發現其實可以購入北海道周遊券的櫃檯在7:30就開始服務（這點真要抗議，為何所有官方資料都寫8:30呢），也就是說，Milly最早的計畫是行得通的。

不過換個角度看，Milly因此在好天氣下完成了行程，算是意外的好結果。

同時因為要確實觀察JR總和案內所的營業時間，Milly特別拉著行李在一旁的宮越屋珈琲用早餐，也因此享用了好咖啡。

■ 札幌JR總和案內所（觀光服務處）

壽司屋ふらの海の花

沿路愉快地看著窗外的田野麥田，很快就到了富良野。

回想一下，上次在JR富良野下車是多少年前的事了？因為即使還算是常搭乘JR富良野線，但目的地都是美瑛或美馬牛，JR富良野車站幾乎都是過門不入。

本來7月14日已經預約了富良野站邊的時尚商務旅館Furano Natulux Hotel，想好好熟悉一下富良野車站周邊消費型態。只是一方面發現從南富良野前進帶廣較順線，另一方面看了一下旅館，以為周邊和外觀不如想像中時尚，於是取消了預約。到底有沒有因此錯過了美好的住宿經驗，就不得而知了。

沒住宿在富良野車站周邊，倒還是發現了一間美味餐廳。

本來Milly計畫中要去吃的午餐是くまげら餐廳的招牌富良野生和牛蓋飯，只是因為くまげら午餐時間是11:30開始，距離11:52富良野・美瑛ノロッコ号的開車時間太緊迫，只好作罷。

本來想就算了，等到了美馬牛再吃，可是閒晃下發現距離車站不過一分鐘有間乾淨漂亮的海鮮料理壽司屋ふらの海の花在11點已經開張，門前還貼著中午推薦套餐天婦羅蓋飯800日圓有找，於是毫不猶豫推門進去。

第一印象是乾淨又很時尚的壽司屋，本來以為是開張沒多久的新店，沒想到一問，原來已經邁入第四年了，居然還能保持如此乾淨亮麗，真是用心。

Milly是當天的第一個客人，於是坐在櫃檯座。只是才喝著熱騰騰麥茶，中年女服務員就帶著商量的意味跟Milly詢問時間是否充裕，因為師父還剛在準備食材。一

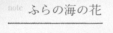

note ふらの海の花

富良野市日の出町4-19
11:00～24:00，週二休

聽說要乘坐11:52的列車，服務員和廚師一商量，斷定如果點天婦羅蓋飯一定時間不夠，因為還要熱鍋。

於是點了不用烹調的大好評レディースセット，也就是淑女限定壽司套餐。

沒想到這套餐還真是好吃。套餐不是一次端出，而是在上了真材實料超好喝的味噌湯後，師傅才在眼前一個個以純熟手勢捏好壽司，放在盤中讓客人依序享用，真有點高級壽司屋的味道。

不光是形式上很用心，壽司更是材料新鮮，大小適中，一口下去盡是滿足。

中途更送上剛剛出爐的茶碗蒸，餐後還有香醇咖啡一杯。

10貫壽司裡面包含了甜蝦、鮭魚卵和新鮮蟹腳，而這每樣餐點都非常用心精緻的午餐居然……才900日圓，大大推薦給你。

富良野・美瑛ノロッコ号

吃了美味的午餐，愉悅地搭乘富良野・美瑛ノロッコ号去。

算好時間，要接駁這只在薰衣草季節行駛的觀光列車，當然想在臨時駅「ラベンダー畑駅」（薰衣草田臨時站）下車，以最近的路程前往ファーム富田（富田牧場）去看滿山遍野的薰衣草。

說句老實話，在富良野湧入愈來愈多海外觀光客，薰衣草田愈來愈觀光規模後，Milly對於這列車或薰衣草田早已沒有過多的期待和興致。但是夏天來到北海道，又是薰衣草盛開的7月，刻意避開薰衣草路線也未免太乖僻，所以這趟行程幾乎可以算是義務性質，同時也多少懷念起十多年前第一次來到富良野時邂逅那滿山遍野薰衣草時的興奮感。

不過說是這樣說，在美好天氣下坐上可以打開窗戶讓微風吹入的列車，還是很容易就揚起了郊遊般的好心情。

一個人的旅行，暗暗的雀躍是必備的能力。

除了薰衣草田，沿路的麥田也已經開始染色，風一吹，金黃麥浪翻起，不由得想起小王子故事裡那隻要求小王子馴養牠的金黃色狐狸。

同樣的，搭乘這列車，車掌在查票時會送上乘車證明書籤，這似乎是所有行樂列車的必備動作。

另外，這列車不是全車指定席，有加掛了自由席車廂，方便臨時興起的搭乘。

不過東南亞或東北亞的觀光客還真多，廣東話、韓語和熟悉的中文此起彼落，真有參加旅行團的錯覺。

■ 富良野・美瑛ノロッコ号

列車以時速30公里的速度，經過山丘、麥田、薰衣草田，很的就到了臨時站，走到
區內最大的薰衣草主題農場富田牧場大約7分鐘。
在臨時站不開放的日子，就必須在「中富良野」下車步行約25~35分鐘。
旅途上Milly看見不少海外遊客在中富良野下車再走過來，似乎這樣還可以同時觀
賞中富良野周邊的町営ラベンダー園。

■ 富田牧場薰衣草田

富田牧場

富田牧場真的是充滿了薰衣草,不光是看的薰衣草田,還有吃的薰衣草霜淇淋、薰衣草料理以及各式各樣薰衣草手工製品。

Milly派出旅行小熊DK-Bear代替自己,拍下到此一遊的照片,幻想自己是攝影大師,用不同的角度去捕捉那滿山遍野的薰衣草。

說起來富田牧場的確是典型的觀光農場,每個角落都想你去消費,好在整個農場腹地很大,要離開喧囂找個較為安靜的薰衣草角落還是有可能的。

充分拍下了薰衣草後,不知為何,竟有點北海道夏日計畫已經完成的錯覺,畢竟北海道的夏天沒有薰衣草,就似乎不是夏天的北海道。

1958年從福井縣移居北海道的富田德井先生在此種下第一株薰衣草時,絕對沒想到他居然可以創造出這樣一座每年有百萬觀光客到來的花田。

在富田牧場主題了薰衣草之後,在等候列車前往美馬牛的空檔,更是很滿足地花了二十多分鐘在臨時站邊深入田埂去拍下那一大片麥田。

真是一大片麥田呢,只是麥田似乎才剛剛開始變金黃色,中間還夾雜著綠色,感覺很像染了金髮的辣妹髮根卻長出了黑髮的怪模樣。

📷 富田牧場麥田 　　　　　　📷 富田牧場安靜角落

離開了富田農場，下一個目標美馬牛。

這是第幾次來到美馬牛？記憶已經很混亂，但可以確定的是，只要來到北海道，幾乎都會來到美馬牛。甚至對Milly來說，富良野幾乎是跟美馬牛畫上了等號，正如一般人或許將薰衣草跟富良野畫上等號。

而Milly關於富良野的美好記憶，更是幾乎都濃縮在美馬牛。

曾經跟著朋友來到美馬牛車站周邊的菊地晴夫寫真咖啡屋度過美好的午後、曾經一個人穿越夏日的田野在迷路中第一次邂逅了美馬牛小學、曾經在一次至今都迷惑的狀況下看見了距離車站3分鐘的路徑上那整面延伸到天際的向日葵田、曾經為了拍那一捆捆的牧草堆而私闖田地、曾經在等車返回美瑛時的一個美好黃昏天空下拍下鐵道旁的美馬牛青年旅館、曾經在零下25度遊晃試圖拍下白雪一色的美馬牛……

多次造訪，記憶滿滿，但對於美馬牛的探訪興致卻依然不減，這次更是要來專程喝杯咖啡。

上次前來是零下25度的寒冬，手上沒地圖，沒把握找到那間在美馬牛麥田邊的自家烘焙咖啡屋Gosh。這次準備萬全，不但手上有地圖，而且也事先check好營業時間，加上一個萬全的好天氣，完美。

從咖啡屋回到美馬牛車站時，先是像儀式般穿過車站的鐵軌看看不同季節裡不同的田野和房舍模樣。

6個月前這裡還是豪雪覆蓋，這次再來，房子的表情卻完全不同地陌生起來。

然後也如以往一樣拍下月台邊的美馬牛青年旅館，對照《日本大旅行》旅遊書封面，在不同的光影下怎麼差這麼多。

所以常會想，每張照片都是一個完美的邂逅，只是那一瞬。

就像是Milly在返回富良野的列車上看見那揹著笨重行李帶著自行車的旅人一樣，Milly跟他共有這車廂空間，就是那十多分鐘，然後就各自旅途。

一期一會？這麼說是有些小題大作也不一定，但是細細想，不就是這樣的感覺嗎？

● 美好咖啡屋Gosh

資料上寫著Gosh距離車站步行3分鐘，但如果加上迷路的3~5分，實際上最好預計要走7~8分鐘。

這位於住宅區邊的Gosh，真是盛況啊，門口停著各式各樣的車，看來走路前來的

 Gosh咖啡館　　　　　　　　　　　　 青年旅館

 冬夏兩季不同表情的美馬牛

■ 開在農場間、堅持自家
烘培咖啡豆的Gosh

似乎只有Milly一人。
除了開車，騎自行車在美瑛山丘散策後繞道過來的遊客也不少。

看見Gosh被花草圍繞像是間舒適居家的外觀，Milly的第一個感覺是終於來了。
第二個感覺是如果有一個想要住在美馬牛的理由，這咖啡屋應該是很大的誘因。
第三個感覺是這間咖啡屋的背後一定有位很棒的老闆，否則怎麼可以在這麥田環繞
的務農地區開了一間如此棒的咖啡屋。
如果你愛咖啡屋，相信一定會對這咖啡屋一見鍾情，甘於被它俘虜，下次還是會跋
山涉水而來。

Gosh老闆的名字是「阪井雄」，大阪出身。
多年前來北海道旅行，被北海道雄偉的自然景觀魅力給征服，於是決定定居美瑛，
同時立志要在美瑛開店。
為了開店，阪井雄先生不但經歷了八年多的料理修業，更花了七年借了當地農家的
倉庫，苦心研究著，希望找到自家咖啡的烘焙特色。
之後首先以咖啡豆的經銷和郵購為業，2002年終於在美馬牛的山丘上開了這間
Gosh。初期依然是以咖啡豆販售為主，但為順應客人想在此悠閒喝杯咖啡的心

願，加上阪井雄本身對麵包和料理的熱誠，Gosh目前已經是一間「咖啡、麵包和料理」都是主角的咖啡屋。

因此Milly雖說已經吃了午餐，在下午3點還是點了豐盛的三明治和冰咖啡。

座位則是選擇了陽台位，畢竟這是夏天才有的特權，冬天陽台位是不開放的。

真是個美好的午後，只因為在Gosh。

首先冰咖啡超好喝，而且冰塊不是那種製冰機的冰塊，而是用冰刀剉出的迷你冰山狀冰塊，這點小小的用心最能讓Milly感動。

然後麵包好吃，軟硬適度，愈嚼愈有香味。Gosh的網站上這麼寫著：「只要有麵粉、酵母、鹽和水，就能做出美味的麵包，因此Gosh為了做出美味的麵包，就更加嚴選這些讓麵包美味的食材，讓大家能吃到來自美好食材的美味。」

因為麵包實在太好吃，後來Milly又買了外表樸實卻味道實在、口感十足的麵包，當作隔天在稚內的早餐。

另外麵包夾的餡料更是不能不大大讚許，居然是很少見的香草燉煮牛肚，牛肚調理得非常入味，香草的香味中暗藏辣味，配上新鮮的蔬菜，讓人停不下口，也充分體會到在這咖啡屋，咖啡、麵包和料理都是主角的堅持。

在Milly的桌位兩旁，有兩個女子點了蛋糕下午茶。蛋糕看起來都很好吃，Milly要壓下乾脆也點份蛋糕的衝動可是要啟動很強的意志力呢。

其實真的很想跟那兩位拿著相機專心拍著蛋糕的女生商量，蛋糕可不可以也借
Milly拍拍。但是實在是太失禮，最後還是忍了下來。

另外有一個騎著自行車前來，裝扮和氣質都像是女性生活雜誌模特兒的女生，在另
一桌優雅地吃著豐盛的午餐套餐，有沙拉和一籃豐盛的麵包，更有看起來超美味的
肉料理。

Milly除了忍不住多看了幾眼女子的優雅用餐姿態，更忍不住一直盯著那看來很美
味的肉料理。

不管了，Gosh，跟你約定了！下次來到美馬牛一定要大大地享用這有肉有蛋糕有
一大籃麵包有咖啡的全餐。

來到Gosh，當然不單單可以滿足味覺，視覺也有充分的享受。

從咖啡屋一出來，只要10秒內就可俯瞰整片山丘田野，不同的季節和天光下想必都
是美景。

Gosh已經不單單是一間咖啡屋，更是一個職人堅持的象徵。顧客買下一件印有
Gosh字樣的獨創T恤，可能正是對這堅持的肯定。

依依不捨地離開Gosh，回頭再看一眼，旅途上有這樣的咖啡屋真好，美馬牛有這
樣的咖啡屋真好。

說起來，每次介紹這樣的咖啡屋，心裡都有些矛盾。

怕不懂它的客人誤闖進去，亂了它的節奏。更自私地想只讓自己擁有！雖說很多這
樣的咖啡屋早被大家的文字給寵愛著。

原來美好的咖啡屋會讓人猶豫又矛盾起來。

note Gosh

上川郡美瑛町美馬牛市街地
10:00～17:00，週二定休
http://www.tekipaki.jp/～gosh/

列車到達旭川是晚上18:17，距離19:11前往稚內的特急列車時間還頗久。

旭川站前雖然規畫有「平和通買物公園」人行步道，但實際上並沒那麼好逛。

首先，站前雖然有西武百貨和丸井百貨，周邊也有些服飾店，但是品牌不多，店面也大多在8點以前就結束營業。即使是餐廳，Milly以為選擇也不是很方便，可以推薦的幾乎只有吃旭川拉麵的梅光軒。

因此千萬不要期待在旭川可以像在東京或大阪一樣，先在白天旅遊之後再回到旭川市區瘋狂血拚，不期待才不會失望嘛。

Milly在旭川途中下車，大多是利用距離車站不過兩分鐘腳程的西武百貨，館內有三省堂書店、Loft、MUJI和地下食品街，買買食物、逛逛書店、翻翻MUJI的打折衣物，可以很快就消磨轉車時間。

坐上往稚內的特急列車，先打開電腦將當日拍下的照片存檔，然後拿出在百貨公司地下美食街買的烤雞肉串、余市買的威士忌、飛機帶下來的花生米，來個車上自家居酒屋時間。

車外已是一片漆黑，什麼也看不見。

想起多年前（遠到幾乎已經不復記憶的多年前）剛剛開始在日本自助旅行，也是這樣利用JR Pass一路從旭川前往稚內。

那時對稚內完全陌生，日語也不通，想到這個日本最北端的城市不知是多麼荒涼，心裡難免忐忑不安。記得那時的確只是為了前往最北端的宗谷岬，也的確拍下到此一遊的照片，其他的記憶就幾乎是模糊了。

看著窗外的一片漆黑，突然回想起當時的一個畫面。

那次前往也是夜車，手上是一本西村京太郎關於夜行列車殺人事件的推理小說，如果沒記錯，應該是「宗谷本線殺人事件」之類的書名。

如果對推理小說有興趣的話，真的頗推薦像這樣乘坐哪一條路線就看哪一路線的殺人事件，一站站對照更有臨場感。

雖說Milly當年的記憶有些模糊，但對於當時邊看宗谷本線推理小說邊前進稚內的樂趣，還是很深刻的。

就這樣，3個半小時多的車程中看看小說（只是那天Milly看的是戀愛小說），喝著小酒，微醺中到達了稚內。因為時間已經接近11點，原本就不熱鬧的稚內車站周邊更是一片漆黑死寂，沒方向感的Milly只好憑著直覺往較亮的方向走去。

選擇稚內サンホテル（Sun Hotel），是看在它距離稚內車站步行5分鐘的優點，同時距離新渡輪碼頭也是15分鐘左右。

一晚房價約6500日圓，房間雖然有些殘舊，好在空間夠大。在旺季中，稚內的旅館相對房價偏高，可能是旅館不多的關係。

稚內的前一站「南稚內」似乎有較多新旅館，不過想到第二天一大早要去碼頭，就還是選稚內車站周邊的旅館。

Milly利用網站訂房，選擇的是「出張応援プラン」，出差應援plan，每住宿一晚附送啤酒一罐。這麼一來，Milly似乎也變成了帶著疲憊身軀入宿、洗完澡打開罐裝啤酒，嘩地一口喝下，說句「最高」的中年上班族。

note 稚內サンホテル

稚內市中央3丁目7番16
http://www.sunhotel.co.jp/

■ 稚内碼頭上時尚風的航運公司

■ 稚内サンホテル

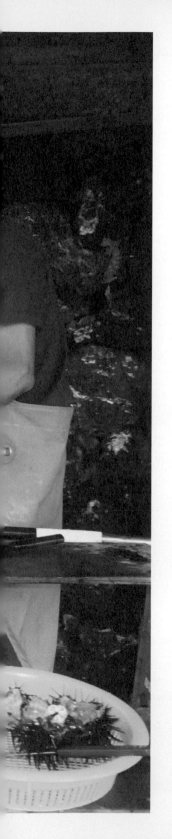

礼文島、利尻島。前往花的北方島嶼

什麼都沒有的稚內車站

花之浮島礼文島
・礼文花爛漫
・桃岩展望台
・貓岩
・スカイ岬（澄海岬）

利尻海味巡禮
・オタドマリ沼
・仙法志御崎公園
・人面岩、寢熊、甘露泉水

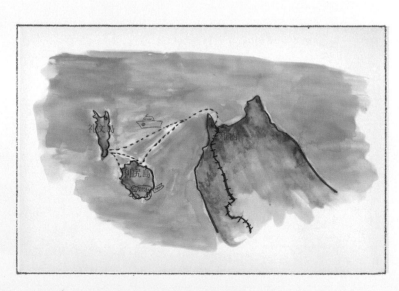

稚內車站前真的是什麼都沒有,是那種幾乎沒有興致拿起相機拍照的地方。

什麼都沒有,唯一可以購買些飲料、便當、熟食之類的便利店,只有街口那間北海道獨有的有一隻紅鶴標誌的便利店「サイコーマート」。

這時就很開心前一天很聰明地在Gosh買了麵包,讓Milly在稚內的早餐不至於太過單調,多了些幸福的滋味。

不過很有意思的是,這樣單調無趣的稚內車站周邊,卻有一個異常時尚風的航運公司HeartLandFerry。2008年5月12日才剛開始營業,整體還是很新穎光鮮,主體的顏色居然是粉紅色。粉紅配上深藍的企業ID,整體的邏輯完全是都會風格,以為背後一定有個設計高手。

全新的渡輪碼頭還有都會風的日式居酒屋以及義大利餐廳,更有一間可以看見渡輪入港出港的咖啡屋。Milly完全沒預料到稚內的渡輪碼頭居然會有這樣一間放在東京也不奇怪的咖啡屋,於是即使已經自備早餐,仍忍不住進去點了杯咖啡,當然只是為了消費這咖啡屋的空間。

在這碼頭可以搭乘渡輪從稚內往返利尻島的鴛泊港和礼文島的香深港,Milly預計搭乘最早一班船先到礼文島,之後再搭渡輪前往利尻島。

在7月,最早一班前往礼文島的渡輪是早上的6:20,預計8:15到達香深港。單程票價二等艙是2200日圓,頭等艙則是3880日圓,Milly以為不用坐到頭等艙,因為二等艙已經夠舒服,雖說那天搭船的人真是很多,不但有散客還有不少旅行團,二等艙坐滿了人,連和風的榻榻米席也幾乎是一位難求。

在日本最北端的稚內,7月居然不到4點天就亮了,於是習慣早起的Milly在4點多就精神奕奕地醒來,5點多就悠悠閒閒往渡輪碼頭走去。

■ 搭乘サイプリア宗谷(CYPRIA
SOYA,小喜普蘭鞋宗谷號)前往
礼文島

說起來，本來前往稚內的目標很單純就是礼文島。幾年前看了一本雜誌上夏季礼文島的高山植物花卉照片後，就無可救藥地愛上了那遍地野花的景緻，從此對於這有「花の浮島」之稱的礼文島便像是對於聖地一般神往不已。

不過能拿到的資料不多，大約只知道7、8月是高山花卉盛開期，船班較頻繁。

島嶼不大，開車的話兩個小時不到就可繞一圈，因此最好的方式是住在島上的民宿，然後以健行的方式慢慢遊覽島嶼。有個日文網站「礼文島を歩こう！」就是建議如何在島上健行觀賞自然景觀。

騎自行車？Milly在島上的確有看到一個人騎車環島，但看上去很疲累的樣子，島上風大坡道多，騎自行車或許不是最佳的環島方式。

另一個建議是租車環島，開車進入渡輪，再繼續開車旅遊。

如果是利用大眾交通工具，島上的巴士班次不多，可租的車輛有限，都要留意。

像Milly這樣沒參加旅行團、時間有限，也不能在島上住宿的自由遊人，最好的建議可能就是參加當地的觀光巴士環島行程。

剛開始有些擔心，那麼一大船的人都要搭乘那觀光巴士，會不會客滿，被迫只能用步行在港邊做小範圍的旅遊？

好在擔心是多餘的，因為大多數遊客都是從日本各地來的旅行團，下船就有大巴士接走。散客有的自己開車，有的會先入宿民宿再健行或由民宿安排車輛環島，在當地參加觀光巴士團的人畢竟不多，一輛二十多人的巴士就夠了。若真的客滿，巴士公司也會再調度車輛加班行駛。

📷 單身遊客的選擇，巴士環島

幸運的是，在稚內碼頭等船時，Milly拿到了一張宗谷巴士2008年夏季觀光巴士的時刻表，在那張薄薄的紙上居然發現了一個完美的行程，可以在一日內順線同時遊覽礼文島和利尻島。
看來兩個島嶼的觀光單位已經私下商量好，協調出這麼一個互惠的動線。

動線是這樣的：如果是先到礼文島，就在稚內碼頭搭上6:20的渡船，8:15到達香深港，在碼頭購買觀光巴士券，搭上8:30~12:50的礼文花爛漫環島行程。之後在碼頭邊的餐廳用中餐，然後搭上13:45開往利尻島鴛泊港的渡輪，14:25到達之後再購票參加14:35~16:55的利尻觀光巡禮行程，行程結束後搭上17:30返回稚內的渡輪，預計19:10到達稚內港。
真是接駁得完美無缺，但要注意的是，這是6/1~8/31的時刻表。

如果先到利尻島，就是在稚內碼頭搭上6:30的渡船，也可以順利接駁相關的觀光巴士，完成兩座島嶼的旅行，大約晚上7點多返回稚內。起不了床或趕不上第一班船的，還可搭乘7:50的渡輪，一樣有一套接駁的遊覽方式，只是巴士行程可能就會少一些，不能觀賞到礼文島的全貌。

憧憬的北方島嶼一日之旅，從稚內到礼文島，船票2200日圓，參加礼文花爛漫是4000日圓，從香深港到利尻島是780日圓，參加利尻觀光巡禮2800日圓，搭船返回稚內是1980日圓，總計11760日圓，不含中餐的850日圓。（因為花費有些高，所以忍住沒吃當地現採的海膽大餐，哎～有些後悔呢！）
以費用來說的確有些高，但是以體驗來說卻是非常值得，畢竟如此自然好景只有在短短的7、8月才能觀賞得到。

📷 環礼文島，方式有：開車、騎重機或單車

礼文花爛漫

從渡輪下來會看見一張海報，提醒大家下船時踏踏步！咚咚地甩掉鞋底的泥土，好減少經由鞋底不經意帶進來的植物種子。外來植物會破壞利尻礼文サロベツ国立公園（沙羅別滋國家公園）大約三百種的珍貴原生高山植物。

渡輪準時在8:15左右到達，觀光巴士開車時間是15分鐘後。
很緊張地提早到下船口等（畢竟船上的乘客很多，怕太悠閒會耽誤買票時間），下了渡輪，立刻衝去買觀光巴士券，好在碼頭不大，而且巴士購票窗口跟渡輪候船室是在同一空間內。
搭上觀光巴士，胖胖的自稱是海狗親戚的年輕導遊，發給大家礼文島行程和乘車證明後，愉快的花之浮島三小時旅遊，出發！

要說這　文島巴士小旅行之前，要先好好地說說這次的巴士導遊。
Milly以為正因為有這原生種導遊（礼文島出身）那生動活潑的說明，才更讓礼文島旅行樂趣倍增。
年輕女導遊出身於礼文島，在此讀完高中，然後當上觀光巴士的隨車導遊。
從小就在島上生活，所以島上每個角落都很熟悉，學生時期也一如所有島上高中生一樣都要參加拔除外來品種植物的義工服務。
為了當導遊，她必須熟記島上每一種植物的名稱和生態，那可不是簡單的事，畢竟島上的植物品種有三百多個。據她說，剛當導遊時可是整隻手都要寫滿小抄，像紋身一樣（哈）。

礼文島FLOWER専輯

可愛的導遊除了一路跟大家詳盡說明各類高山植物和花卉情報外，也分享了她的高中生活和島上趣事。

像是她因為太活潑很愛說話，生病請假時老師居然跟她說妳不在時教室「安靜得很恐怖」、當日劇來島上拍攝時她自我推薦當上了大配角、高中畢業儀式是乘船繞島一周。然後，日本最北端的高中，畢業旅行居然是去最南邊的沖繩，一切都因為班導師自己一意孤行想要去。還有，島上只有兩座紅綠燈，不是為了車輛的交通，而是希望島上的小孩去到都會時不要連紅綠燈都不能辨識，也因此紅綠燈就設在幼稚園旁邊，運氣好時還可以看見老師帶著小朋友過馬路的都會實習情景。

這個才二十多歲的女導遊不像之前積丹半島的資深熟女導遊那樣開口閉口都是敬語，而是完全的正常口語，聽起來很親切，一點都不做作，言談又幽默，不是刻意說笑，但全車卻是笑聲不斷。
可能她真的是太好笑了，很多客人都建議她去報名吉本興業，當個搞笑藝人。

桃岩展望台

重新回到行程上。離開港口，第一個目標是南端的桃岩展望台，正如字面所述，就是要去看一座像是桃子的岩石。

■ 桃岩

不過大家的重點當然不只是要去確認岩石像不像桃子（Milly以為比較像叉燒包），更重要的是要去觀賞高山植物花卉。

導遊很認真解說每一種高山花卉，可是那些怪怪的外來語，Milly還真是一個都記不起來，只是滿足在親眼看見滿山遍野高山花卉的喜悅中。

不同時節能看到不同的花卉，像是那珍貴的鈴蘭早在六月初就開過了。

不過即使如此，當日看見的花卉還是很精彩。Milly個人最愛那像是「逗貓棒」的粉紅花，真是非常嬌豔可愛。另外，那些粉黃的粉紅的粉紫的花卉，以及爆出一顆顆白色花球被導遊戲稱是「章魚燒」的海岸植物也很惹人憐愛。

大家在導遊的引導下沿著微雨的路徑穿梭，認真聽著講解，像是乖學生一樣，同時也都很認真隨著導遊的花卉發現，驚呼著「啊～好美！好可愛！」然後像是大寫真家一樣蹲下身來，用鏡頭去捕捉那小小的花朵。

● 貓岩
———

滿足了高山花卉巡禮，下一個目標是貓岩眺望。

仔細看看，是不是真的很像是一隻有些「貓背」（日本人形容腰板不挺直的樣子）的貓咪面向海面休息著。喜歡貓又喜歡花的Milly，能看見貓岩又看見憧憬的高山花卉，大大滿足，心裡一直忍不住低呼著：「能來到這裡真好！」

📷 貓岩（海中突岩）

スカイ岬（澄海岬）

離開桃台貓岩，巴士沿著沒有人煙又空曠的山野道路，一路蜿蜒愉快前進，到達ス
カイ岬。

在這小漁港裡可以看到透藍的海灣，登上眺望台更可看見雲霧中的壯麗海岬，此外
還可在周邊的販店買紀念品或吃分超新鮮的海膽蓋飯、海膽壽司。

另外，導遊提醒的小項目也check了一下，像是那「日本最北端的公共廁所」、ス
コトン岬（須古頓岬）下方的スコトン岬民宿，還有限量供應的海狗肉罐頭。

3個小時又20分的礼文島花爛漫之旅，在滿滿的幸福中結束。

在港口食堂吃了非常好吃的烤魚午餐，在等船前往利尻島的空檔周邊散策，拍著一
些旅館前花圃的高山植物花卉，存入檔案中作為記憶留存。

■ スカイ岬　　　　　　　　■ 烤魚午餐

搭乘渡輪前往利尻島的鴛泊港,登上島嶼後的印象是這島嶼比礼文島大,也較為城市化,連觀光巴士也是雙層氣派大巴。

體驗之後的感覺是,如果時間不夠又較偏好大自然,那麼就選擇礼文島就好。利尻島真的比較人工化,高山植物的分布也不密集。

不過,如果你喜歡美食,又錯過了礼文島的花季,那麼利尻島就不失為一個好路徑,因為在觀光巴士行程中可以吃到現挖的新鮮海膽(自費啦),也可以買到日本最棒的海帶(利尻昆布)。

天氣好的時候,在利尻島旅遊的重點是仰望利尻山「利尻富士」的雄偉、積雪的利尻山倒映在姬沼的絕景,以及從「夕日ヶ丘展望台」看去的美好鴛泊港黃昏。

只是當天天氣不佳,利尻山在雲霧中若隱若現,看不出雄偉,選擇的是最短的巴士觀光行程,因此沒排入姬沼,在這樣的天氣下,像是海報上的炫爛落日餘暉自然也就不能奢望。

即使是這樣,Milly還是精選了一些利尻島的美好體驗,放入回憶裡。

オタドマリ沼

首先是在第一個下車據點オタドマリ沼觀賞到了幽靜的沼澤湖面、吃到了名產店大

■ オタドマリ沼

■ 炭烤扇貝

■ 名產極品利尻昆布

方提供試吃的鮭魚海帶卷、喝到招待的熱咖啡，更重要的是拍到了店內炭烤扇貝滿臉笑容的大帥哥（這項目屬於自我滿足）。

仙法志御崎公園

之後在仙法志御崎公園看到了隱約在雲霧下的利尻山、在清澈海水中漂流的新鮮海帶，看到老師傅在現場處理極品利尻昆布的姿態，看見了帶殼的海膽、拍到了新鮮剝下還蠕動著的海膽（因為畫面太殘忍沒吃，當然也因為是小氣節省旅費的關係），然後發現了一隻名產店養的海鷗寵物。

真的是寵物喔，因為看見老闆娘在跟牠說話，而且真的很親近人，即使遊客靠近也不會飛走，只在名產店邊遊晃散步。

人面岩、寢熊、甘露泉水

最後在返回鴛泊港之前順利拍到了人面岩和寢熊。人面岩覺得還好，不過寢熊倒真的很像是一隻在海岸邊抓魚的大黑熊。

利尻島因為有溫泉，大型的住宿旅館也較多。準備乘船離開時看見很多旅館都拿著布旗一列排開來迎接客人，非常熱鬧。

對了！在離開之前不要忘了在碼頭邊的泉水口接些冰涼甘甜的泉水在路上飲用。

利尻島那名為「甘露泉水」的名水，可是裝瓶販售的名產。裝一瓶就有賺到一瓶的感覺。

在清晨五點多出發的北方島嶼花花之旅到此告一段落，幸運的是在一整天陽光都不充分偶而還飄雨的狀態下，居然在返回稚內的渡輪上看到了在及格邊緣的黃昏，為美好的一日旅途畫下了更美好的句點。

回到旅館，因為周邊實在沒地方可以去，就在便利店買了鰻魚罐頭和一些熟食，配旅館送的啤酒，很歐吉桑地享用著怪怪的晚餐。

◉ 新鮮剝下的海膽　　　　　　　　　　　　　　　　　◉ 熊岩

美瑛 。雨中的美瑛山丘

美瑛一個人的交通規畫

一個人的旅行在美瑛
・美瑛選果
・以角色扮演來遊戲美瑛
・拓真館路線
・美瑛咖哩
・丘路線

美食和好景,雪之屋

以天氣選擇的行程

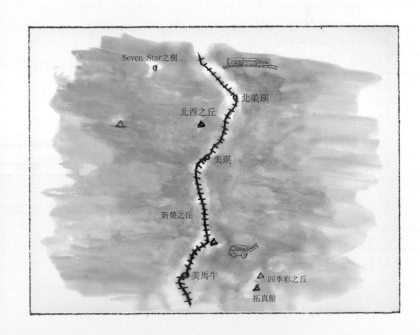

Seven Star之樹

北美瑛

北西之丘

美瑛

新榮之丘

美馬牛

四季彩之丘

拓真館

7月11日依然是一大早起來，預計搭乘7:11的特急スーパー宗谷前往旭川。

7月11日7點11分的列車，美麗的巧合。但也很不巧，這天是旅途開始後雨最大的一天，車站周邊完全沒吃早餐的地方，於是拖著行李冒著大雨前往車站，預計在車站內買些東西。

好在站內的蕎麥麵屋已經開店，於是點了豆皮壽司和熱熱的宗谷「月見蕎麥麵」，站著當作早餐吃，可是真的不是很美味。

吃麵的時候看見一旁來了位一臉疲倦、鬍子沒刮的高大男子，「啊……昨天在礼文島山路旁休息站看見的單車旅人」，對他印象很深刻，主要是因為在路上看見他時，微雨中他正在重裝備的自行車前吃著霜淇淋，那疲倦的樣子像是已經旅行了很久還在漫長旅途中的感覺。

剛剛還看見他在拆卸腳踏車，看來是昨晚睡在車站前，然後即將搭列車繼續旅行。很辛苦呢！騎自行車旅行，雖說在另一層面上Milly也是很羨慕的。

看見他拿出破破的零錢包湊了錢（這是Milly的想像），點了一碗小小的蕎麥麵當早餐（相對於自行車旅人龐大的身軀）。偷偷拍下他吃麵的樣子，不是因為他帥（如果帥會拍更多），而是以為他那在長途旅途中疲倦的神色很寫實。後來看見他扛著重裝備自行車和行李搭上Milly那輛開往札幌的特急，只是Milly太迷戀窗外雨霧下的山野，沒注意他是在哪裡下車，幻想的故事就只好在此結束。

這天的路線規畫是一早7:11先從稚內乘坐特急前往旭川，10:44到達，搭11:30的列車前往美瑛，12:15到達美瑛後，先吃午餐，之後搭乘13:10的拓真館路線以及15:15的丘路線兩段夏季限定觀光巴士。

Milly事先已經在稚內那唯一的售票窗口預約並買下這兩段巴士行程車票，兩段行程都是600日圓。

之後在美瑛搭上16:28的列車返回旭川，到達時間約17:02，跟旅館雪之屋聯繫，把接客的時間從17:00改成17:10。雖說只比原先訂好的時間晚10分鐘，一旦發現時刻有改，還是要提早告知，這是旅行中預約接送的禮儀，也是義務。

因為基本上日本的旅館或民宿都會很精準地計算接客人的時間，如果遲到或班次延誤，都會造成對方很大的「迷惑」，就是麻煩喔！

在美瑛、富良野的夏季觀光旺季，很容易就可以拿到一些建議觀光動線的小冊子，冊子上會列出6至8月各個季節列車的時刻表和建議行程，參考這些免費的觀光小冊子，對於行程安排是很有助益的。

從稚內到旭川，即使是特急列車也要花上三個半小時，不過路程卻一點都不無聊，畢竟沿線幾乎都是沒有去過的地方。

光是看那陌生的站名就趣味十足。拔海、勇知、兜沼、豐富、幌延、安牛、雄信內、問寒別、天塩中川、音威子府、初野、北星、風連、蘭留、妹背牛（哈哈，有趣）、光珠內⋯⋯每個站名都這麼新鮮又特別。

據說北海道很多站名、地名都是沿用愛奴語，唸法難免會很奇特。

經過幌延站之後，Milly從窗外雨霧的草原上看見了兩隻白色屁股、角很大的馴鹿在奔跑。後來查資料才知道，幌延原來有馴鹿之里之稱，周邊還有馴鹿觀光牧場。說起來JR宗谷線有很多值得開發的另類觀光動線，在行程計畫初期，Milly的確也check了一下，像是上幌延和下士別等區域有些山野中的旅店和咖啡屋、劍淵是繪本之里等等，只是礙於時間和沒有適當的交通工具，只好暫時作罷。

資料上說這條路線上有很多酪農，很多地方都是牛口比人口多，因此從窗外可經常看見在田野上悠閒吃草的牛以及堆放得很藝術的牧草堆景緻。

此外要提醒的是，宗谷本線的班次不多，7:11的特急之後，下一班特急就要等到13:45。在這兩班特急之間，只有一班10:58普通列車前往名寄，要在這路線上途中下車，不但需要很大的勇氣，也必須要擁有很充裕的時間。

根據時刻表，14:21有一班前往旭川的普通列車，到達旭川是20:15！難怪宗谷本線號稱是日本最長的地方線，真是名不虛傳

📷 雨中堆放得很藝術的牧草堆

■ 美瑛選果

<h2>美瑛選果</h2>

12:15，列車準時到達美瑛，本來想去美瑛選果的新餐廳「ASPERGES」吃頓悠閒優雅小奢華中餐。

美瑛選果是由美瑛的農協（像是我們的農會）所規畫，主旨是推廣美瑛農產品。
不過包裝得摩登又有新意，一點泥土味也沒有，一眼看去倒像是高級的主題餐廳。
想要消費美瑛選果這個據點，可以分為幾方面進行。如果不是海外觀光客，可在其中的「選果市場」採買新鮮又便宜的蔬果青菜和穀物等。
如果是海外觀光客又沒有可以廚房可用，就會建議買個120日圓用美瑛小麥和紅豆烘焙的銅鑼燒或美瑛玉米真空包當點心，也可買袋新鮮番茄當水果吃。
Milly當日就買了個銅鑼燒，口感不錯，很扎實，紅豆餡不會過甜。
雖然不能買米買蔬果，不過光是看著光鮮明亮店內那精準擺放著的各式新鮮蔬果和穀物還是很興奮（Milly是愛好蔬果排列的狂熱分子），於是忙著東拍西拍。
店員大概第一次看見有人對著米箱和蔬菜這麼猛拍，沒阻止Milly的奇怪行動，只是微笑著在一旁看著。

另外，如果不想在餐廳正式用餐，可在選果工房外帶簡餐、三明治、飲料、蛋糕或是霜淇淋等，在外面的露天座小歇。

至於重點的ASPERGES，則是由北海道名廚中道博和農協共同企畫的法式創作料理，讓喜歡美瑛蔬果的人享用以當季食材料理出的佳餚美食。
不要看到這是農協企畫的餐廳，就以為價位很樸實，午餐套餐可是要2100~5200日

圓，晚餐更是要3600~7400日圓。
即使是這樣的價位，用餐時間還是一位難求，讓興沖沖開著車帶著女朋友前來浪漫
一下的男子只能望桌興嘆，不能如願跟女友吃頓優雅的美瑛午餐。

本來Milly也有計畫要在此吃午餐，即使價位可能有些偏高。
最終不能如願的原因，首先是美瑛選果距離美瑛車站意外地有段距離，走路過去大
約也要15~20分鐘，這點已經有些失算。
然後到了餐廳前，發現還要等個三十多分鐘才有座位，如此當初預留的55分用餐時
間自然是完全不夠用，只能望美食興嘆了。
不能吃，就看看菜單乾過癮。以中午5200日圓套餐為例，洋蔥馬鈴薯湯、二十多種
蔬果調製的美瑛菜田沙拉、主食是美瑛牛，還有甜點和飲料，似乎不錯。

沒能如願在ASPERGES用餐，倒是因此多出了些時間，得以慢慢繞路走回車站。在
散策的路上看見不少美麗的住家花園，也如願看到白色和紫色的馬鈴薯花田。
夏日北海道真是花的天堂呢！Milly以為可能是因為北海道的寒冬特別長，極長的
一段時間大地都是白茫茫一片，所以春天一來臨，大家就像想要擺脫那雪白般，急

📷 雨中馬鈴薯花　　　　　　　📷 英國風庭園

忙把自家庭園妝點出各式各樣的顏色，花的顏色。

不用去公園，不用去豪邸，一般的家庭都可發現一些很英國風的庭園設計。

而雨後的馬鈴薯花也顯得特別可愛，花瓣上滴著水珠的模樣很嬌羞。

note 美瑛選果（biei SENKA）

美瑛町大町 2 丁目

http://www.bieisenka.jp/index.html

以角色扮演來遊戲美瑛

一張照片有著牽引一個旅人出發的力量。

就是想去！想自己進入照片的景致中，然後深深吸一口氣，大聲在心裡呼喊！「來了，我終於來了！」

一張照片啟動的憧憬旅途，就在按下快門的那一瞬間獲得最大的滿足（笑），也可以說是一種解脫。

富良野和美瑛，很明顯正是這樣透過菊地晴夫、前田真三等攝影家的鏡頭，吸引旅人前來所建立出的美好觀光區域。

從某種觀點看，富良野、美瑛就像是希臘、托斯卡尼、普羅旺斯等區域，擁有讓攝影師沉醉的大自然美景，促使熱愛攝影的人在晨昏冬夏晴雨時節前來，按下快門捕捉那一瞬間流動的美景。

當然，光是照片透露的訊息，你其實是聽不見旁邊的聲音，不知道鏡頭後的人是在怎樣的情況下拍出這張照片，是寒冬的清晨、泥濘的土堤、蚊蠅騷擾的雜草堆，或是人聲喧鬧的一角？

說了前面一長串說詞，其實是想表達Milly是如何在不是那麼樂意參加的季節觀光巴士路徑上，找出能讓自己愉悅的遊戲題目。

遊戲的題目是，想像自己是孤寂孤傲的攝影師，只用鏡頭去跟大自然對話，盡量不讓鏡頭裡出現人，也就是讓照片是無聲的，如此自己也就可以從觀光客的喧囂中脫離出來，在潛意識的意念中。

一個人的旅人，在旺季路徑上，這樣偶而玩玩姑且稱之為無聊角色扮演的遊戲，是轉換情緒的方式之一。

拓真館路線

在美瑛站前雨中濕度極高的空氣下，搭上大型巴士ツインクルバス（twinkle bus）美瑛号，開始90分鐘的拓真館コース（拓真館course）。

車上很國際化，除了兩、三組日本人，其他很明顯都是外國遊客，國語廣東話美語法語在巴士中流竄著。即使如此，巴士導遊似乎還是只能講日語，只見她有點不知所措地服務著一車反應很薄弱的觀光客。

離開美瑛車站，很快地兩側車窗外就是一整面的山丘，很美瑛典型的遼闊氣勢，只

■ 新栄の丘

是雨霧中的山丘意外地迷離柔和，讓人不禁神往起來。
不會開車的Milly開始幻想如果自己開車，在觀光客的喧嘩還未滲入的清晨置身這樣的雨霧山丘，該是多麼詩意的事。

第一站新栄の丘是車窗觀賞，第二站拓真館可以下車瀏覽個15分鐘。
Milly沒進去拓真館欣賞前田真三的寫真作品，撐著傘到附近白樺林散步道和周邊田野去遛遛，希望即使是短短的停留，也能以自己的路徑來看看大自然的美瑛，而不是觀光據點的美瑛。
巴士駛離拓真館，蜿蜒了一些坡道後，看見了雨中的美馬牛小學校，之後就到了四季彩の丘，之前幾次想去，不是花期已過就是腳程不夠而未能到達的四季彩之丘。

本來以為參觀四季彩の丘是免費的，但是一看資料，有條說明是希望每人前來都捐出200日圓作為花田維護費，不是強迫而是自由認捐。
不過現場沒看見人投錢，導遊也沒提醒，或許是這樣，這觀光花田才會讓一些雜亂的販售攤位進入，破壞了自然的美景。
如果是這樣，何不直接收取門票？留給大自然一個清靜或許更好。

在四季彩の丘最想拍下的是那一整面的羽扇豆花田。
Milly曾看過一張照片，無邊無際的高聳花海，顏色非常多彩，矗立的姿態很氣派。
花名不知道，但是拍攝地點正是四季彩の丘，從此就對這觀光花田充滿幻想和憧憬，後來也查出花名是ルピナス，羽扇豆。
在出發前夕還再三查花期，擔心興沖沖地前去，卻失望地撲了個空。
真的來到，說實話有點被那滿坑滿谷的觀光客和停車場內滿滿的觀光巴士給嚇到。
來之前已經有心理準備這是人工花田，只是沒想到觀光味會這麼濃厚。好在不幸中的大幸（什麼話），因為是陰雨天，一般觀光客都懶得走遠，只是在入口的花田和販賣處流連，Milly因此可以走到遠些的角落去獨享那相對安靜的羽扇豆花田，比想像中更大更遼闊的羽扇豆花田。

本來以為有點遺憾的微雨天，卻意外提供了絕佳的拍攝環境。沒有反光的搗蛋，花的顏色可以更鮮明顯現，花瓣和葉片上的雨珠也讓這花朵更加晶瑩奪目。
再多的形容詞都不足以形容，只能一張張拍，拍到滿足為止。

心滿意足地用鏡頭讚嘆了期待中的羽扇豆花後，剩下的時間繼續用鏡頭捕捉那經常在旅遊雜誌出現的四季彩の丘花地毯，真的是非常的豔麗，鮮豔到壓過了陰雨灰

- 📷 羽扇豆花田
- 📷 新栄の丘
- 📷 四季彩の丘

沉，豔麗到顏色都要從畫面泛出來似的。

有趣的是，某個觀光團提供的雨傘也是大紅色，一排大紅色的雨傘在鮮紅花田中穿梭，好像迎娶的隊伍。

美瑛咖哩屋

一個半小時的拓真館course，在14:40準時到達美瑛車站後結束。在等車的35分鐘去了站前的美瑛觀光服務處詢問一些周邊咖啡屋的資料，知道前往美瑛山丘上Land Cafe或許可以搭3:03的町巴士，而無需花2200多日圓搭計程車時，一度有點動搖，想放棄觀光巴士行程改為去Land Café。

只是這樣就會誤了當晚旅館在旭川接客的時間，於是不得不放棄。

不能前去Land Café，美瑛周邊可逛的地方又不多，於是就想吃點東西，用味覺來記憶美瑛。選擇的是站前像快餐車的咖哩屋，點了一份660日圓美瑛咖哩烏龍快餐，價錢很經濟，卻能吃到美瑛食材的濃縮。

美瑛麵粉製作的麵包和烏龍麵、咖哩內有美瑛牛、配菜是美瑛產馬鈴薯和青菜、飲料是美瑛的鮮奶！味道不差，多少彌補了不能在美瑛選果用餐的遺憾。

丘路線

帶著一嘴的咖哩味，搭上丘コース大巴士，跟之前的情況類似，車上依然以海外觀光客為主，窗外的雨也依然沒停下來。

📷 Seven Star之木

透過車窗，看見路經上的Ken & Mary之樹，這棵美瑛山丘上的樹是由於日產汽車以這棵樹為背景拍了廣告而出名。

美瑛山丘上有名號的大樹，名字幾乎都是來自廣告，只有親子の木是由於像兩棵大樹牽著一棵小樹而得名。

這趟行程唯一停靠讓大家下來拍照的大樹據點只有Seven Starの木。這棵獨自在山丘上凜然矗立的大樹，本來當地人是稱之為「北瑛の一本木」，北瑛的一棵樹，後來由於香菸品牌Seven Stars把這樹放上包裝盒，就改為現在的稱號。

不是一棵特別秀麗或挺拔高大甚至也不是很高齡的大樹，卻因坐落的位置而讓全世界的遊客來此拍照，大樹本身如果有思想，不知道會怎麼想呢？

相對於其他的美瑛名樹，七星的樹前面設置有較大的停車場，大型巴士可以停下來，也就讓這裡成了車輛最多的區域。從停車場可以眺望一大片馬鈴薯田和山脈，雨霧中另有一番風情。

之後觀光巴士停靠北西の丘，讓遊客透過展望台360度地瀏覽美瑛山丘。

搭乘過這丘course，心得是，經過的路線比停車下來的路線更能顯現美瑛的美。因此似乎自己開車遊覽美瑛，才最能體會美瑛的魅力。只是這麼一來，美瑛田野就失去了寧靜，觀光發展和自然維護之間的得失真的很難取得平衡。

7月11日，Milly住宿了旭川的「旅亭～雪の屋」（雪之屋）。

旅店的人準時依約在車站前迎接，印有「雪の屋」字樣的9人座小巴離開市區，穿過川流上的鐵橋，往觀音台前去。

雪の屋並不是位在秀麗的風景區或歷史風味的溫泉鄉，而是距離旭川車站約15分鐘左右車程的觀音台上。

坐落在較高的地點上，所以得天獨厚，在白天可從旅館陽台看見遠方的大雪山連峰，晚上則可以觀賞旭川燈火燦爛的夜景。

為了要充分發揮這位置的優勢，雪の屋內僅有的7間純和式房間全都面向大雪山。Milly最愛那房間一角，也就是視野遼闊的陽台廊下位置，尤其是一大早起來，在此泡杯茶看著天空的變化和遠方的山脈，真是很愜意舒適。

基本上旅館算不上氣派豪華，也不是現在流行的和風摩登溫泉宿，但若要說和風正統，卻是毫無問題。

房間很寬敞，玄關、次の間、浴室、洗面所，簡直就是像是一個住家的規模。

雖然館內沒有大浴場，但每個房間都有檜木浴池，可以很奢侈地放一大池溫泉，慢慢獨享浸泡。因此明明是一間間房間，卻有住在獨棟別莊的錯覺。

住宿這旅館，還有一個值得去check的點：這是一棟北海道少見的「数寄屋建築」，簡單來說，就是以茶屋的邏輯去規畫的簡樸沉穩但有格調的建築格局。

一進到屋內，看見桌上女將（旅館女主人）寫的問候信，筆跡很秀麗。
女將送上點心和泡好茶水後會跟客人問一下用餐時間，聊聊天氣談談可惜今晚的夜景可能不如預期等。
當問到明天的天氣時，女將居然立刻拿出手機上網查詢，很現代風呢。

在房間小歇，泡了個洗塵的溫泉浴後，接著就是最期待的料理了。
這是一間料理自慢，以提供和洋融合會席料理為自豪的旅館。
果然在房間用晚餐時，那一道道送上的料理真是豐富又華麗，當然美味也是確確實實的。

◨ 左頁：雪之屋的遼闊視野
◨ 右頁：旅館自慢的晚餐

■ 一個人的豪華早餐

Milly邊吃邊拍、邊拍邊吃，一個人的豪華饗宴有點寂寞，但還算熱鬧，熱鬧的是那排滿一桌的菜色和多樣的味覺品味。
早餐也很豐富，同時更多了些趣致。
趣致是在於整體陳設的感覺，豆腐是以噗嚕噗嚕小火燉煮的木桶端出，各式菜餚則是以「小皿」用方盒呈現，跟晚餐一樣熱熱鬧鬧的一大桌。
另外很貼心地附上北海道新鮮牛乳，冰涼濃郁入口，真好喝！

離開之前再泡一次舒服的澡，洗去一大早在周邊散步時的汗水。
本來還想跟前晚親切引領Milly去看雪の屋附設法國料理餐廳サラマンジェ（Salle a manger，飯廳）窗外燦爛夜景的美麗溫柔女老闆道聲再見，遺憾的是跟Milly同年、利尻島出身的女老闆一早就有事出門，未能鄭重說出感謝和讚美，真是遺憾。

note 雪の屋

旭川市神居町富沢409観音台
http://www.yukinoya.com/

因為旭川可選擇的旅遊動線很多，住在旭川期間的行程規畫就不免貪心和猶豫不決了起來，計畫表上也因此規畫了各式不同的動線。
即使在旅途上，也還是在猶豫著該去哪該放棄哪，每天這樣在一個人的會議中。

美瑛、富良野、稚內行程已經完成，接下來的兩天一夜，擺在面前想去的地方則有旭岳、層雲峽、旭山動物園和幾間咖啡屋。劍淵的繪本館、上士別町山野內的有機餐廳マッケンジーファーム、企圖從北見繞過去的ワッカ原生花園等，雖說路徑很繁複，也依然還沒完全放棄。

當旅程很難決定的時候，Milly的慣性選擇公式就會啟動，那就是去除已經去過的地點、讓天氣來決定，以及連結憧憬的咖啡屋。

層雲峽多年前在拍攝旅遊節目時去過，覺得溫泉鄉周邊很人工化，印象不是特別好，加上季節不對，就先放棄。
而7月12日一覺醒來，發現天氣大好，不是氣象預測的陰雨天，因此是前往本來還有點猶豫的大雪山旭岳的絕佳天氣，更何況這樣還極有可能順線前去憧憬的山野咖啡屋「北の住まい設計社カフェ」。
路徑決定！不容遲疑！
立刻拿出之前已經查好的行程試算表，在旭川車站前搭乘上午9:30前往旭岳的巴士，然後根據雜誌資料上的建議，服裝是可以簡易登山的裝備。

◉ 不同的旅行者姿態：單車旅人

大雪山．旭岳花路徑

旭岳高山花朵散策
- ‧在旭岳遇見無邊野花
- ‧有森林露天溫泉的青年旅舍
- ‧森林邊的野獸拉麵

以機緣帶路前去的緩慢咖啡屋
- ‧不自己開車的交通選擇
- ‧大雷雨下的溫馨善意
- ‧終於到了，這憧憬的咖啡屋

在雪之屋吃過豐富的早餐後，由工作人員開車送回旭川車站，走路5分鐘到旭川ワシントンホテル（Washington Hotel）寄放好行李，再走回車站搭乘站前66番往旭岳和天人峽的巴士「いで湯号」。

等車時不斷聽見其他穿戴登山裝備的旅人慶幸著今天是個出乎意料的好天氣，同時因為當天是週六，還因此看見500人以上的大雪山健行活動在站前結集出發，大家都是意氣洋洋神清氣爽，Milly也忍不住揚起了登山的興致。

登山？沒錯，Milly當初猶豫著要不要去旭岳，原因之一就是「登山」這個字眼。
很擔心在旅途中去挑戰登山這Milly不擅長的活動，會不會過於逞強？會不會自己的健行輕裝備不足以對抗那或許險峻的山路？
尤其是看見同車的旅人幾乎每一個都是登山鞋、登山包、登山夾克、登山杖的全套裝備，Milly的擔心又忍不住浮現。

結果Milly的擔心真是多餘了。以當天所見，旭岳山路上可是有不少日本阿公阿婆旅行團呢，原來即使不用攻上最高峰，在登山口周邊也能充分體驗到大雪山旭岳的壯麗美景以及高山植物滿山遍野的絕景。
原本遲疑不前的旭岳路徑，也因此意外地成為這次北海道旅行中，最難忘最美好的回憶之一。

大雪山小資訊

大雪山系是北海道中央地區高山山脈的總稱，同時有「北海道屋脊」之稱。
至於大雪山國家公園則包含了旭岳、黑岳、赤岳、北鎮岳、白雲岳、トムラウシ山、十勝岳連峰、ニペソツ山、石狩岳等山。
從平地仰望，會以為這些山麓高聳險峻，遙不可及，但實際上這些山脈的山頂卻是意外平緩，綿延著號稱日本最大的高山植物花園絕景，彷彿雲中縹緲的香格里拉。
雲上の楽園，日文是這樣定義著大雪山雪原地形上的高山花卉美景，愛奴語更稱這是神仙遊樂的庭園。

原本Milly對於大雪山幾乎是完全陌生，有日翻閱雜誌，看見了北海道山岳寫真家市根井孝悅先生鏡頭下的大雪山高山植物，一下子就被震撼住，「原來日本也有這樣遼闊的大自然美景」，頓時被魅惑著，神往不已。

透過網路資料，知道搭乘旭川電氣軌道巴士要在旭岳纜車站下車，利用纜車到達「姿見」，也就是旭岳的登山口後，沿著登山道大約兩小時可到達旭岳山頂。

另一個路徑，則是在旭川搭乘道北巴士在層雲峽纜車口下車後，再搭纜車在「黑岳五合目」下車，之後再搭乘空纜lift（那種在滑雪場搭乘的兩人空中纜椅）到達黑岳七合目，從這裡沿著登山道徒步約一小時可到達山頂。

據說從黑岳山頂看去的絕景，會讓人有說不住話來的震撼。

的確讓人心動，但考量到連結憧憬咖啡屋的順線，在看過資料後選擇可看見絕景高山植物的旭岳，黑岳則等哪日剛好碰上北海道賞楓季才前往，畢竟層雲峽楓紅是值得期待的。

◦ 在旭岳遇見無邊野花

搭乘66番往旭岳的巴士，沿途藍天下是廣闊田野，遠方可看見綿延的大雪山，隨著巴士的搖動哼著歌，完全是郊遊的心情。

不一會，巴士開始往山上爬，天氣也開始微妙地變化起來，一會晴一會陰，突然想起了有資料提醒大雪山的天氣變化很大，要留意。

10:40巴士到達終點旭岳纜車站前，車費是1320日圓。

購買前往姿見的纜車來回票，用在旅館櫃檯拿的300日圓折價券，變成了2500。

從旭岳ロープウェイ山麓站搭乘10分鐘高山纜車前往姿見站，從纜車上望下去可以

■ 盛夏在旭岳仍能看見未融的積雪

看見積雪和一些沼澤區，這一整面平緩密林稱為「御田の原」。

到達姿見站後，大雪山國家公園的工作人員利用大大的地圖跟大家解說登山的注意事項。Milly 心想自己不是登山，只是在纜車站周邊散步，因此偷懶地跳過解說員的細心解說，直接進入相對於平地明顯有些寒冷的戶外山道。

Milly因為是輕裝備，不敢做貿然的大範圍散策，只以周邊相對平緩的區域為主。

姿見纜車站－第一展望台－第三展望台－鏡池和摺鉢池合稱的夫婦池－姿見池－姿見纜車站，剛好繞一圈，這正是推薦給一般遊客的姿見の池週遊路コース，費時大約一小時。雖說登山步道算是好走，但高跟鞋或是夾腳拖鞋還是不適合，即使不穿登山鞋，還是要穿雙布鞋。

如果時間和裝備許可，經過姿見池沿著地獄谷旁的登山道可以到達旭岳頂峰，時間大約是一個多小時。另外，若是登山客，從姿見池左轉經過夫婦池，越過裾合平分岐到達中岳溫泉，這兩個小時的路徑也是很熱門的。

中岳溫泉有天然的露天溫泉池，膽子大的可以脫去衣物，在此享受大自然的祕湯。

對於這北海道最高峰旭岳山麓的第一印象，是很感動這裡對於大自然的維護。

山間除了最低限度絕對必要的安全措施、修整的登山步道以及指標外，人工的東西幾乎不存在，有的只是最直接的大自然。

即使因為設置了纜車，旭岳相對來說是個旅行團方便到達的登山據點，但有關單位還是不會為了增加遊客量而去做過多傷害大自然的商業包裝。

離開姿見纜車站，沿著登山步道不過步行了兩、三分鐘，幾乎是來不及反應地，那一整片的高山花卉就以最可愛嬌羞的姿態出現了。

雖說之前已經透過市根井孝悅先生的照片看過這些高山植物開花的模樣，但是實際看見，那可愛真的是超出想像。而且居然是可以這樣輕易地，不用翻山越嶺登山跋涉，經由大眾交通工具就可以看見這些雲上樂園的美好植物。對於喜歡自然界中小花小草的Milly來說，真是沒有比這更大的幸福了。

幾乎所有遊客都被眼前的高山植物給吸引著，紛紛拿出相機，企圖捕捉下那小小花朵的可愛模樣。

資料上顯示旭岳擁有日本最大的高山植物群落。繼續沿著算是好走的登山步道向前，放眼看去，兩邊山野間開滿了粉黃粉紅雪白甚至是藍色的高山植物花卉。

滿滿蔓生在山麓上無邊無際的野花，讓Milly彷彿置身在《真善美》的電影中，如果不是旁邊還有其他遊客，真想大聲唱出「ORIRORA～～」

企圖體驗大雪山公園的旭岳區域，有幾個要點要事先check一下。

首先旭岳的夏天非常短，想觀賞這日本最廣大的高山植物，要把握7、8月的開花時間。然後，即使是夏季，還是可以很清楚觀賞到雪溪，路徑旁也都還有殘雪。

到了8月下旬，旭岳可以看見日本最早的楓紅景色。之後到了8月底，這裡就會迎接日本最早的初雪，每年平均在9月24日前後，旭岳就可宣告「初雪冠」了。

相對於夏天，旭岳冬天異常地長，從9月底一直延伸到隔年的5月下旬，之後才是短短的春天。因此如果不是登山或滑雪，對於一般遊客來說，溫度和氣象相對穩定的，就只是那短短的夏日了。

即使如此，Milly在短短的一個多小時滯留期間，還是深刻體驗到這裡天氣變化的快速。剛剛還是藍天好天氣，一會氣溫遽降，一會下起了大雨，不一會又放晴，短暫的天晴後突然溫度又下降，開始飄起雨霧來。好在雨具和防風衣都有準備，天氣

旭岳FLOWER專輯

變化剛好讓Milly看到這大自然景觀的不同表情。

在陽光下觀賞了各種嬌羞可愛的高山野花，同時聽見不時從樹叢間傳來的野鳥啼叫聲，然後在天氣轉變的降雨前一刻，突然看見赤尾的小松鼠逃竄著躲雨。
接著雨停了，雨後的高山植物更是可愛，帶著水滴的花瓣讓人不捨得移開目光。
微雨開始，雲霧漸起，沿著山路彌漫。
雨霧下的旭岳主峰和周邊的火山噴煙，非常有氣勢。同時姿見池、夫婦池也在雨霧下顯得迷離，彷如世外桃源人間仙境。

沒有過多的人工雜質侵入眼睛，看見的都是自然景觀，除了偶爾擦身而過的人聲，耳邊聽見的也都是大自然的聲音。在旅行中可以用這樣的方式接近大雪山國家公園的一角，真是難得的體驗。

● 有森林露天溫泉的青年旅舍

在濃霧下搭乘纜車離開旭岳山麓，回到旭岳ロープウェイ山山麓站時，天氣卻又有點轉晴的跡象。
距離14:35經由道草館前往旭川車站的巴士還有一個小時多，就想不如先往前走一段，到前二站的「旭岳温泉キャンプ場前」站牌附近，因為搭巴士時在路上看見了非常有趣的木屋建築和「日帰り」可供純泡湯的標示，就想在周邊探險，找間可以用餐的餐廳，也想找間有露天溫泉的旅店純泡湯一下。

在間歇的微雨中，先看到纜車站旁氣派的歐風度假旅館，繼續沿著巴士行經的山路向前，空氣在雨後異常清新，頗有在森林步道中散步的舒暢感。
不久在茂密的樹林間出現一座大型的木屋住宅，造型很像動漫裡的建築。繼續往前，開始聽見潺潺的溪流聲，也可聽見遠方野鳥的叫聲。

再走一小段路就看見了Milly心中一早暗暗設定要去洗個露天溫泉的目標，是在氣派典雅的度假風旅店斜對面「大雪山YH」，大雪山青年旅舍。
在日本，光是北海道就有將近50家青年旅舍。
記得最早在日本旅行時，第一晚就是住在福岡太宰府YH，那次旅行幾乎都住在YH。甚至有很長一段時間去東京也大多是住在新宿區的YH。
正因為YH的住宿幾乎是Milly踏入日本的原點，也因此，當發現那間第一眼就非常喜歡的木造屋度假旅旅館居然是青年旅舍時，就難免感到熟悉又驚訝。

這間位於巴士站下車步行一分鐘路程內的YH，全名是「大雪山白樺莊YH」，外觀真是非常氣派。

不是豪華的氣派，而是整體的木造建物很大很有氣勢，內部也相當寬敞，尤其是大食堂天井，非常高，更有一大片玻璃面向著大雪山脈，視野絕佳。

一眼看去真的很難相信這是間一晚只要5500日圓上下的YH（會員價）。

這在登山客間頗受好評的青年旅舍，如是非會員，又像Milly這樣希望住單人房，一晚大約是8000日圓，含兩餐。不用餐可減掉晚餐1260和早餐760。很有意思的是，如果晚餐是咖哩飯，則1260日圓的晚餐可以減價成為630日圓。

以YH來說，8000日圓未必是最經濟的選擇，但如果住在這樣依著森林和溪流、度假山莊般的YH，一早醒來的散步該是多麼愉快。

就這樣，Milly已經幾乎是毫不猶豫地決定，如果有一天再來旭岳，這大雪山白樺莊YH就是唯一也是絕對的住宿選擇。

Milly會在此YH停下腳步，不單單是為了好奇，主要還是看見了那「日帰り入浴」（開放非投宿者泡湯）的看板。這YH分別有男女各兩座森林環繞的岩風呂露天溫泉，可以純泡湯的時間是13:00~19:00，一次是500日圓。

這是真正的溫泉，不是加熱的洗澡水，畢竟是在旭岳溫泉區。

說真的，當知道這是間YH時，對那露天溫泉其實沒有太多期待，畢竟是YH。

可是真的太棒了，這裡的露天溫泉。

雖說不是很大，但完完全全被大自然給包圍著。浸泡在那被蝦夷松和野生竽類環繞的溫泉池中，自己好像變成了在森林祕湯裡泡湯的野生熊～哈！這是什麼形容，就是自己好像是野生動物的感覺。

那天沒有其他泡湯客，Milly因此可以獨占這森林中的溫泉池，幸福。

森林邊的野獸拉麵

洗完露天溫泉離開YH，步行到一分鐘路程內的路邊餐廳。說是餐廳也不完全是，或許該說是一間提供登山客住宿的山屋食堂。

進去一看，嗯～～真的是很厚重的空間，正中央放一張樹木雕出的大木桌，每張木椅的造形都不同，而且都留有斧頭和刨刀雕過的痕跡。除此之外，大到書架置物櫃小至牙籤盒也都是手工木製品。

整體空間稍嫌凌亂，但是很溫暖，最喜歡的還有堆滿了過冬木柴的暖爐角落，想像

山中的大雪山白樺莊YH

著冬日在此爐火前喝邊杯咖啡或溫熱紅酒，滋味應該很棒。

用餐的空間不大，約莫只能容納十多個客人，出菜的櫃檯後面是很大廚房，看來這裡的餐食主要還是供應給住宿的客人。

只是，為什麼這旅店的名稱是很奇怪的「ロッジヌタプカウシペ」？又為什麼像這樣的食堂，提供的不是咖哩飯、牛肉燴飯或奶油濃湯，而是拉麵呢？

到底是山間溫泉民宿開設的拉麵店，還是拉麵店兼營的溫泉山間民宿呢？

查了些資料，大約知道了究竟。

民宿的名稱，正確說是「ロッジ～ヌタプカウシペ」。ロッジ是lodge，意思是山屋或是山屋風的旅館，ヌタプカウシペ則果真就是愛奴語，大雪山的意思。

這山屋民宿提供了四間和室一間洋室和一間和洋室，一泊二食是7500日圓，另外很受登山客稱道的是可以看見山景的露天混浴溫泉，也提供純泡湯服務，一次500日圓，可利用的時間是12:00~16:00。

食堂中最有人氣的拉麵是用俗稱「行者大蒜」（ギョウジャニンニク）的山菜煮成的700日圓「キトピロラーメン」（山菜拉麵）。說真的，看見菜單上那像是一堆亂碼的拉麵名稱時還真是頭痛，先是點了山菜拉麵，後來看見隔壁桌的男女點了更出名的900日圓拉麵，偷聽了一下他們跟酷酷老爹的對話，好像這招牌拉麵裡面還有「珍獸」的肉，一時好奇，立刻換成那名字更長更怪的拉麵。

一端上來～～微妙！拉麵上有些怪怪的菜乾和形體不詳的肉片，基本上大約就是山菜和鹿肉吧（希望是）。

湯頭還好，但是那柴柴的獸肉，真的不好吃，像只是把肉乾泡進麵裡的感覺。下次知道了，就乖乖點山菜拉麵好了。

但是很遺憾，似乎已經沒有下次，因為用完中餐在門口躲避大雷雨時，發現了一張拉麵休業公告，原來已經有30年歷史的ロッジヌタプカウシペ食堂拉麵，在2008年12月底就要走進歷史，就是要關閉了。還是提供住宿，也供餐，但是不對外經營拉麵店，真是遺憾呢。

◉ 珍獸拉麵

note ロッジヌタプカウシペ
———————————————
上川郡東川町勇駒別
0166-97-2150

スロー，slow，是這次北海道旅行中很重要的key word。
留在北海道久一些，且只待在北海道。
去掉了一些因季節因素以為不必急著去的地方，例如網走和北見等地，三星期的北海道夏季旅行，想愉快地實踐slow travel的意念。

正因為在這次北海道旅行的意念中，slow是關鍵字，因此發現《northern styleスロー》這本雜誌時，就立刻像是發現了大寶藏般地興奮了起來。
「沒錯，沒錯！這就是Milly要找的最適合北海道的雜誌」，心中如此想著。
這本最像是北海道的雜誌，由北海道的出版社發行，更清楚地說，是一本從步調悠閒的十勝區域發訊的季刊。

Milly以為，如果要去關西甚至是中國和四國等區遊覽，情報最確實也最能抓到區域置入情緒的，就非關西地區出版社京阪神エルマガジン社出版的《Meets》、《SAVVY》、《西の旅》和《日帰り名人》這幾本雜誌和Mook最有參考價值。
同樣的，在北海道旅行，若能參考最了解北海道生活節奏和生活方式的《northern styleスロー》雜誌來排出自己想去的路徑，一定是很美好的事情。
那感覺像是由意氣相投的朋友來建議旅行路徑一樣，或許也像是妳偷偷去重走一個喜歡的人曾經走過的路線。

事實上，在計畫北海道旅行時，還完全不知道這本雜誌，直到出發前無意間看見了這家雜誌出版的MOOK《スロウなカフェを訪ねて》（去拜訪那些緩慢的咖啡屋），在翻開的一瞬間，真是用一見鍾情來形容也不為過地一下子就淪陷了。
當場就馬上決定更改動線，不顧一切要在旅途中加入這些在北海道大自然空間中存在著的所謂具備了slow情緒的咖啡屋。

根據書中所介紹23間咖啡屋的位置，篩選出公共交通可前往或是計程車車費似乎較為便宜的，排出來想要去體驗的咖啡屋，分別是美馬牛的Gosh、美瑛山丘上的Land Cafe、旭川近郊的農場キッチン赤とんぼ、cafe good life，以及位於偏遠上士別町的マッケンジーファーム（Mackenzie Farm）等。
然後在北海道的旅途中，幾乎在每一間有風味的咖啡屋裡面，都有這本雜誌，更發現《スロウなカフェを訪ねて》這咖啡屋特集已經出到第三本了。

於是在旅途中，在不影響過多動線的情況下又加入了「北の住まい設計社カフェ」（北之住宅設計社咖啡屋），也就是決定這次旭岳小旅行的關鍵。

不自己開車的交通選擇

基本上《northern styleスロー》是一本通販，也就是郵購性質的季刊，旨在推廣北
海道生產的slow food或生活雜貨等。

雜誌本身倒不是就像一本型錄，而是加入了很多在北海道實踐LOHAS精神的人們
的訪談，用文字和精彩的照片來介紹這些人在堅持理念下開的餐廳、咖啡屋，同時
推荐一些以slow food及有機概念生產的麵包、果醬、乳製品和新鮮食材。因此，由
這本雜誌來推荐北の住まい設計社カフェ，自然是非常契合的。

北の住まい設計社，企業體本身即是在環保的理念下提供木質家具以及天然材質的
生活雜貨。那讓Milly充滿憧憬的咖啡屋，則是位於設計社本社內。

查看網路資料，計算前往的交通方式時，過程真的是非常艱辛。

因為一般來說，要前往這位於山野中的咖啡屋，自己開車幾乎是唯一的方式，然後
一般日本人如不是開車前往，也大約會利用計程車。

官網上的推荐路線是從旭山動物園出發，路程大約15公里，推算一下計程車費，大
約不會少於5000日圓。

其實Milly已經有乘坐計程車的覺悟，畢竟那不是位在市區的咖啡屋。只是不到最
後一分鐘，還是會想努力找出一條用大眾交通工具再接駁最短程計程車的路線。

然後，奇蹟出現了，在鍥而不捨地上網搜尋之下，居然發現原來有一條「町營巴
士～東雲上岐登牛」路線會經由道草館到達北の住まい設計社，更開心的是車費居
然只要150日圓。只是班次相當少，一天只有四班。

在不浪費時間又能配合巴士班次的邏輯下，Milly排出了一條自認為完美的動線。

在偏僻鄉間旅行的好幫手──町營公車

就是從旭川車站搭乘9:30的巴士前往旭岳，完成大雪山的小旅行後，搭乘14:35前往旭川車站的巴士，預計15:15在道草館下車，再搭乘計程車前往咖啡館，然後16:36搭町營巴士返回道草館，繼續轉搭巴士回到旭川車站，如此的話，單程計程車費或許可以在3000日圓內搞定。

唯一要留意的是，在道草館可能叫不到計程車，或町營巴士已經停駛。

當然，當時根本想都沒想到，居然有一條更奇蹟、更意想不到的特別路線，等著Milly去完成。

大雷雨下的溫馨善意

按照預定計畫前往大雪山國家公園的旭岳，在途中還透過巴士車窗check了一下道草館的位置，有些擔心的是，道草館似乎沒有計程車排班停靠。

因此Milly在吃完獸肉拉麵後，就有些突發奇想地請隔壁桌的人幫忙打電話，請旭川的計程車先於15:15在道草館接Milly。但可能Milly手上的是觀光計程車的服務電話，好心的年輕女子代為撥電話過去時卻沒人接聽，於是只好作罷，或許改為先坐巴士到道草館。

偏偏這時山林間響起了一陣陣雷聲，不久更下起了滂沱大雨。

可能是Milly跟年輕男女的對話和互動被另外一桌的中年夫婦跟看見了，當夫婦二人在離開拉麵店準備離開時，很親切的詢問Milly要去哪裡？

Milly拿出了咖啡屋的地址和資料，夫婦兩人有些不好意思地說，咖啡屋的地址他們不熟也不順路，很遺憾沒辦法讓Milly搭便車，然後兩人就上了停靠在店前的車。

Milly也沒多想，以為反正就照著原訂計畫就好可是忽然間，中年夫婦搖下車窗，跟Milly說上車吧，雖然路不熟但總有辦法可以找到的，lucky！

之後就看見中年夫婦很認真的使用著車上最新的衛星導航設備，輸入咖啡屋的地址，跟著指示前進。

和夫婦一路聊著天，車窗外的大雷雨也趨緩了，到了山腳下更是藍天的好天氣。

離開山路，沿著平面道路往目標前進時，太太一直說「耶，真的嗎？這個方位真的會有咖啡屋嗎？」其實若不是事先看過資料，Milly也不敢相信放眼望去只是農地、牧場和田野的鄉間，會有間如此清新趣致的咖啡屋。為了解除夫婦的迷惑，Milly就將之前查資料時獲得的資訊跟他們分享。

■ 在雜誌中一見鍾情的北の住まい設計社カフェ

原來旭川東川町也被稱為「クラフトの町」（手創工房的鄉里），在山林田野間不但有著不少的陶藝、木工、家具和手編工房，其間更有些風格咖啡屋。

果然，隨著衛星導航指示，逐漸接近北の住まい設計社カフェ時，兩旁陸續看到一些手創工房和咖啡屋的看板，中年夫婦也才放下心來，同時連連驚呼「耶！沒想到還有這樣的地方，真有趣」。

就是這樣，Milly很順利地到達了北の住まい設計社カフェ，不但沒有花任何車費，也因此多了些時間，得以更悠閒地在此渡過美好的下午時分。

終於到了，這憧憬的咖啡屋

北の住まい設計社坐落在面山的山林間，工房、辦公室、職員宿舍、家具show room、麵包屋、咖啡屋，各個木屋建築分散在整理得非常乾淨清幽像座歐風山莊的花園之間。

咖啡屋的一樓是麵包屋「Bakery」和食品販售空間，麵包強調是使用嚴選的素材和天然酵母製成的，最多麵包出爐的時間是中午12點以後，賣完就結束營業。

在小小的店內看見很多人是特別開車來此買麵包的。

麵包店除了販賣紅茶、果醬等天然素材食品，門前還設置了蔬果區，出售附近農場自家栽種的有機蔬菜，一籃籃現採新鮮番茄放在紅白格子的桌布上，另一個角落，陶製的盆內則放著一顆顆注明了生日的有機蛋「大雪雞蛋」。

新鮮的麵包、有機的蔬果、鄰近牧場提供的乳製品和食材，每一項都是堅持嚴選的天然素材，正如北の住まい設計社家具堅持自然的本質。

之後爬上階梯，到二樓像是閣樓或該說是像間sun room的咖啡屋，不是很高也不是很大的空間，但四面都有窗戶可以看見林木，陽光也因此可以充分灑入這以白牆和木地板營造出的溫暖空間。每張桌上都隨性插著可愛的無名野花，還可以聽見不時從外面傳來的鳥鳴，置身其中，真的一下子就舒緩起來。

這咖啡屋以供應北海道產小麥手工製作的義大麵午餐聞名，只是已經是下午時分，早已過了用餐時間，於是點了拿鐵和布朗尼蛋糕，度過優閒的下午茶時光。
放眼望去，幾乎所有客人都是非常怡然地聊著天。
雖說這間咖啡屋對於Milly真是遠在天涯海角，從在雜誌上翻閱的那瞬間開始，經由憧憬的情緒決定了動線，搭乘鐵道、巴士、便車，然後才如願來到。
但對一些人來說，若只想渡過悠閒的午後，這咖啡屋卻是一間可以立即前來的日常咖啡屋。羨慕著可以這樣馴養一間日常咖啡屋的當地居民，也同時回想著真是幸運的一日呢，若非好心的夫婦讓Milly搭便車，可能就不能像這樣有充分的時間，如此慢慢地體驗著這時間緩慢流動的空間。

■ 美好咖啡屋中有美好的花園

悠閒的時光在町營巴士預計抵達的30分鐘前不能不提早結束，Milly謹慎地先跟咖啡店的人確認了町營巴士的確還在行駛，才能安心地在附近散策著。
繞過花園可以看見員工宿舍和非常有特色的辦公建築室，據知這北の住まい設計社本社本來是一間山中小學的廢校。

在周圍散策，得到的結論是，這還真是一個偏僻的地方，周邊真的只有農家，在閒晃的30分鐘內，一個人一輛車都沒有出現過。
之後在一個日本人的blog看見這樣的文字：「北の住まい設計社咖啡屋和麵包屋因為在深山內，如果不是開車，可能去不了呢。」沒錯，正是這樣的感覺。

更有趣的是，那町營巴士的站牌真是很小很低調，小小的鋁板隱身在林間，不留意根本就看不見。在森林中站牌前等著車，Milly居然有種自己置身於宮崎駿龍貓動畫的錯覺，似乎待會開來的會是龍貓巴士呢。
當然（笑）依照時間於16:36準時前來的不是期待中的龍貓巴士，而是略為殘舊的中型巴士，司機也沒穿著端正的制服，而是便服的裝扮。
搭車的只有Milly一人，巴士穿過田野農家，搖搖晃晃進入建築相對較多的住宅

◨ 咖啡屋

區，然後20多分鐘後，到達了道草館。

如此，尋找緩慢咖啡屋的任務順利且在奇蹟中完成。

note 北の住まい設計社カフェ

上川郡東川町東7号北7線
10:3〜18:00，週三休

◉ 麵包屋「Bakery」

幌舞站

trip 7
7/12 - 7/13

旭川、南富良野。理想的生活和咖啡屋

旭山動物園大白熊的泳姿

以過好日子為理想的café good life
‧前進咖啡屋大迷路
‧山林、咖啡屋、slow life

鐵道員車站：幌舞？幾寅？

湖畔度假旅館Log Hotel LARCH
‧La Montagne蒙特婁餐廳
‧獨木舟能不能體驗？

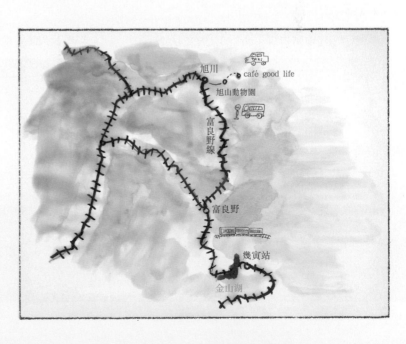

旭川　café good life
旭山動物園
富良野線
富良野
幾寅站
金山湖

結束幸運又愉快的一日大自然小旅行後，隔天要往南富良野方向移動。不過在這之前，在旭川還有兩個地方一定要去，一個是旭山動物園，一個是憧憬咖啡屋café good life。

因為班次不多，查閱時刻表後規畫出當日最理想的動線：從旭川車站搭乘13:38的列車前往富良野，14:51到達，然後再換乘15:17前往幾寅的普通列車，預計到達時間是16:08。如此一來，離跟旅館約好的時間還有二十多分鐘，有充分的時間可以逛逛電影《鐵道員》的背景車站。
接駁的班次不多，這時間表幾乎是唯一的選擇。

上午要先去旭山動物園，再往前推算，從旭川車站往返旭山動物園大約2小時、去café good life往返約5分鐘車程，加上用餐時間，得到的簡單結論是：一大早搭乘巴士前往旭山動物園，在動物園開園之前就要到達。
在夏季，旭山動物園是9:30開園，因此搭8:40的直達巴士，時間應該剛好。
在搭乘巴士之前還有很充分的時間可在車站前購物廣場的連鎖咖啡屋吃份相對悠閒的都會早餐。

早餐後搭乘直達快速巴士前往動物園，跟幾個月前在冬季搭乘時一樣都是客滿。
到達動物園時，大門入口早已排著長長的隊伍。9:30一到，準時開門，大家魚貫入

▐ 冬季去旭山動物園最重要的活動是看企鵝散步　　▐ 夏天還沒換好毛的小企鵝

園，園內一下子就充滿歡樂的聲音，真是一座幸福的動物園。

冬天來時看了期待的企鵝散步，夏天的旭山動物園則是完全不同的氣氛。少了白雪覆蓋的路徑走起來輕快得多，活動力也大得多，可以快速在不同園區間移動。

因為Milly是第二次前來，期待的感覺少了些，「任務」的成分多了些。所謂任務，其實就是要讓Milly的第三代小光數位相機能發揮「防震功能」，拍下上次沒能順利拍下的北極熊游泳畫面。

因此一進入動物園就先殺到北極熊區，可惜大白熊還在懶洋洋地放空，完全沒有想要下水的跡象。

於是換個目標去拍企鵝，大滿足！因為可以在水族館的天空隧道中看見企鵝快速游動的姿態。不過企鵝實在游得太快速，要捕捉到那像是在水中飛行的企鵝，還真不容易。倒是發現從水面下拍水邊的企鵝，有一種很特殊的風情。

還有，沒換好毛依然是毛茸茸的小企鵝，更像是布偶一樣超級可愛，忍不住在牠前面停留了好長一段時間，太～～可愛了！

之後更繞道去看了旭山動物園新開闢的「オオカミの森」灰狼的森林，但是這些灰狼兄弟都懶洋洋地躲在角落，而且一身爛泥模樣（哈），不是很可愛，Milly於是沒多停留，移情別戀看猴子去了。

這回因為還要從動物園往返咖啡屋，在動物園滯留的時間不長。

計畫中是從9:30留到10:40左右，如此搭乘計程車前往café good life就剛好可以吃個

較早的中餐。

只是要離開時路經北極熊館，發現館內傳來了一陣陣騷動！

一定是了！一定是大白熊下水了。果然匆匆入館，真的看見了，身軀肥肥的大白熊正愉快地在水中嬉戲。Milly這熟女也顧不得形象，擠進以小朋友為中心的最前列，壓低身軀拚命利用時間去捕捉大白熊超級可愛的泳姿。

真的是大滿足了！之後每次看見當時拍下的大白熊在水中圓滾滾的模樣，就會有種「癒された」（被療癒了）的舒服感。

任務在愉快的氣氛中完成，小光三號厲害。

Milly因此也終於能了無遺憾、心滿意足地離開動物園，搭上計程車往山野中的咖啡屋前進。

其實這次因為要前往一些偏僻的憧憬咖啡屋，因此很大方地排了大約三萬日圓的計程車費，主要是不希望因為交通費用而留下未能繞道前去體驗的遺憾。
有句很喜歡的日文叫一期一會，其實在旅行中很貼切。
每個旅行點都有可能是一生中僅有的一次，雖說不必因此而過於慌亂或貪心地亂了旅行的步調，但是如果在時間和旅費許可的情況下，還是以為要適度掌握自己真正想去的地方和憧憬的方位，然後義無反顧地前往，即使是在天涯海角。
說起來，Milly近年來旅行的樂趣，很多時候就是這類鍥而不捨地朝憧憬的方位前進後達到目的滿足感。

說起來，是否一定要前往那完全沒有大眾交通工具可到達的café good life，Milly本來還有些猶豫，但7月12日的際遇過於幸運，那一點點猶豫就自然煙消雲散。去吧！就搭計程車前去吧！那美好的憧憬咖啡屋。

一間憧憬咖啡屋一定要經過一個邂逅的過程，才會一見鍾情、朝思暮想地想前往。而發現這café good life，就正是經由之前提過的MOOK書「去拜訪那些緩慢的咖啡屋」。但在這本書上，café good life是較為靠近「道草館」，因此當時是將café good life和北の住まい設計社カフェ排在同一天的旅途上。
後來再詳讀文字和網路資訊，才知道café good life搬到另一個更幽靜的地方，也就是更偏遠的地方，離旭山動物園車程約5分鐘。

但是在café good life的交通指引上，是這樣寫的：

櫻岡的café good life位於幽靜山林裡，從旭川市區開車過來約30分鐘，從現在造成話題的旭山動物園開車過來約5分鐘。因為聽到不少客人説著這地方真是難找，所以會想説，你何不以「尋寶」的心情前來，這或許不錯。順便一提，到目前為止，最高的迷路紀錄是兩個小時，那是從旭山動物園開車過來的女生二人組，真是佩服她們鍥而不捨的決心。

看了這段文字，Milly不能不更小心去規畫路徑，以免浪費無謂的時間，甚至誤了後面的計畫。因此先依照網路上的提示，不但抄上地

址、電話，更詳細抄下地圖上標出的地標，例：以「動物園的東門」為準，右轉後會看見「紅色的鳥居」，然後再右轉……之類的。

同時在進入動物園之前，還先利用排隊入園的空檔跟排班計程車司機商量，表明大約五十多分鐘後會出來會搭乘他們的計程車前往，但地址有些難找，可否請他們先確認一下。

前進咖啡屋大迷路

但是！即使如此，當充滿期待地搭上旭山動物園前的計程車前往café good life時，那位自信滿滿的司機大哥（真的是燙了小捲頭，很像大哥）居然還是大迷路，Milly中途還打電話讓他自己跟咖啡屋的人問路，如此這般不含電話通話費，不但花了十多分才達，而且車費是2470日圓，不過總算是順利到達了。（在此注明一下，回程因為司機已經知道路，因此是車費1350日圓。）

以過好日子為理想的咖啡屋café good life～カフェ·グッドライフ。

十多年前從東京移居到北海道旭川的澀谷夫婦，為了讓自己的居家更為舒適，喜歡做木工和房屋修建的澀谷先生於是不斷翻修改建倉庫，同時還在屋前搭設了露天三溫暖室。

當初改造的動機，不過是要建立一個「朋友們可以一起舒適歡聚」的基地，可是，可能是屋舍整體泛出的氛圍太像間美好的餐廳，很多人在路過時都不免問一聲「請問這是餐廳嗎？」

這樣的詢問實在太多，澀谷太太於是揚起興致，先在房舍周邊種起青菜和香草植物，之後更進一步利用這些自家栽種的食材，開了這間café good life咖啡屋。

太太まち子用自然食材做出好吃的麵包、蛋糕、果醬，剛開始咖啡屋是以飲料和蛋糕為主，後來在客人的不斷要求下加入了拿手的好料理，像是湯咖哩和香草料理等。即使如此，まち子太太最希望的還是客人能在幽靜的環境下忘記時間，悠閒地喝茶吃點心，而不只是為了果腹，用完餐就匆匆離去。

澀谷先生則是依然專注在最愛的改建工程，在屋舍周邊搭建了小橋、柴房、石屋等，讓客人有如到澀谷夫婦家作客般自在舒適。

其實換個角度來看，澀谷夫婦本來就只是想要擁有一個在大自然環抱下的舒適住家，以及朋友來拜訪時能更愉悅的空間，所以客人有那樣的感覺，也是很自然的。

在東川町經營café good life的第7年，澀谷夫婦發現了一個更寬廣更幽靜的環境，就

用自然食材做出的麵包、蛋糕都是招牌

是café good life的現址：旭川郊外的櫻町。

發現了這幽靜樂土後，澀谷夫婦花了將近5年，一步步改造這從農家買來的農舍。

然後2007年4月，café good life搬到新的位置，Milly則是很愉快地在2008年的7月13日來到這憧憬的咖啡屋。

山林、咖啡屋、slow life

當Milly從計程車下來的那一瞬間，就忍不住在心裡低喃著「這就是理想中山林slow咖啡屋的模樣吧」。

接著澀谷夫婦美麗的拿鐵色愛犬SONDRE超親切地出來迎接客人，看得出夫婦倆很愛狗，因為當沿著小徑走進咖啡屋時，抬頭一看，玄關屋頂上還佇立著一個SONDRE的鐵製圖像，之後在咖啡屋內各式各樣木製和鐵製手藝品中，同樣發現了命名為Mr.SONDRE的作品。

如果點進café good life的網站，那異常悠閒不常更新的網站中，唯有愛犬SONDRE專區是較新的。

進入那比想像中更舒適寬廣的咖啡屋空間，挑了個靠窗可以看見外面田野的桌位坐下，然後目光貪心地環顧起四周。

自然光透過窗臺，柔和地射在那通往戶外的木門以及恣意敞開的露天座上。

屋角有個很古典的鐵製火爐，印象中該是從舊址的café good life搬過來的，是象徵著這咖啡屋精神的火爐。

■ 以農舍改建的café good life

一張大木桌上滿滿擺放著美味的手工麵包、蛋糕、餅乾和各式果醬。

天井很高，牆壁是刷成潔淨雪白的泥牆。

從一根根磨得很亮的木柱和木樑，可以看見這原本是農舍倉庫的痕跡，更可以看出澀谷先生一定是花了很多工夫和堅持才能將空間改造得如此完美，整體的感覺像是一座南歐的悠閒農莊。

耳邊是柔和的爵士音樂，想起了在一個訪問中，澀谷先生提到他希望營造出一個適合聆聽藍調爵士的咖啡空間，在有限的網路資料上看到，咖啡屋一旁的studio N.Domon還會不定期舉行爵士音樂會。

當Milly的目光在屋內每個角落貪心地探索時，SONDRE很溫柔地躺在桌邊，那悠閒的姿態，只能說羨慕，這才是真正LOHAS慢活的生活姿態，SONDRE你真是一隻幸福的狗狗。

雖說這樣講有點奇怪，Milly深信，可以調教出這樣溫馴可愛又親近人的狗兒，主人一定有著溫厚親切的品格，因為唯有大量的愛和寬容，才能讓狗兒呈現出這樣的氣質。果然來招呼Milly點餐的太太まち子，真的是那種一眼就會讓你感受到溫暖和親切的人。

まち子太太問Milly是從哪裡來的？當回答說是從臺灣來時，まち子太太瞬間雀躍了起來，愉快地問著Milly怎麼會來這裡。

被まち子太太的愉快給感染著，於是很開心地解說著如何透過一本MOOK發現這間咖啡屋，以及如何波折地搭乘計程車堅持迷路也要來。

Milly更不忘表達，如果時間允許，真的很期望能多待些時間，但是人在旅途上，車子也等在外面，很遺憾地只能吃個中飯，不能久留。

まち子太太很訝異Milly這樣一個海外遊客會經由這樣有趣的方式來到這咖啡屋，她帶著些可愛的小興奮對著在露天陽臺用餐、留著白髮白鬍子的溫柔中年人重述一遍，Milly這才發現，原來一進門就發現的那位中年男子正是澀谷先生。

其實在短短四十多分鐘的滯留過程中，帶著柔和笑容的澀谷先生都是這樣悠閒地坐著，後來還在另一棟建築的露臺前跟SONDRE一起自在休息著。

看來兩人的分工很清楚，澀谷先生負責改建和規畫空間，以及做一些質樸的手工製品，在廚房裡的害羞廚師以及澀谷太太則負責經營咖啡屋。

據Milly的短短觀察，不論澀谷先生或太太，都不是那麼有商家氣息，似乎真的只是很悠閒地不急不徐地在自己夢想的樂土上經營著理想中的舒適空間和生活。

而客人來此分享的，正是他們那自在生活的模樣。

當天Milly點的是1300日圓的午餐套餐，沙拉非常的新鮮好吃，自家麵包完全跟期待一樣沒讓人失望，主食香草燉雞腿更是非常入味又滑嫩。

用餐後把握著短短的悠閒，喝著餐後咖啡，想著有天一定要再來，然後奢侈地在此待一整個下午，不經意地迎接著暮色降臨時這舒適空間點起的昏黃燈火。
帶著留戀的心情，離開café good life。
計程車歐吉桑在Milly悠閒用餐時，就在咖啡廳外抽著菸、擦車、小歇。雖說來時在心中有點小怨嘆他的無方向感，但是想到他願意在一旁等待又不算時間跳表，也是不錯的服務。
Milly的幾次經驗發現，通常坐計程車去一個地方用餐或喝咖啡，只要事先講好希望回程也請他接送的話，司機通常就會在外面等待。畢竟現在油費高，如果開回排班處再回頭接客人是不划算的。

◉ 咖啡店愛犬SONDRE

◉ 比車資還便宜的美味午餐

就是這樣，有些小奢華地花了3820日圓車費以及1300日圓的餐費，完成了café good life這間憧憬咖啡屋的體驗。

若問值不值得？答案是絕對的肯定。

當然如果人多，計程車費可以攤付或租車前來就更划算，只是最好要租有衛星導航的車子，就比較不會迷路。

^{note}
café good life

旭川市東旭川町東桜岡52-2
11:00~19:00，週二休
http://www.nysno-linen.com/goodlife/
goodlife.html

搭乘計程車，很快地花了五分多鐘就回到旭山動物園，司機大哥還很好心地說12點就有巴士可以回到旭川車站。

其實司機在送Milly去咖啡屋的途中，還建議何不乾脆直接由咖啡屋搭計程車回旭川車站，探問了一下，車費居然要七千多。

大哥！你真以為Milly是大戶啊。不過如果是日本人又是團體出遊，似乎也是可能的，至少日本情報節目很多時候都是推薦用計程車來連接行程。

搭乘巴士返回車站，Milly難得地發揮了一點方向感，提早一站下車，如此走去寄放行李的旅館就快很多，在旭川車站閒逛的時間也寬裕些，可以去旁邊的商場買些東西，也在站前廣場參與了一下慶祝旭川車站110週年的爵士音樂會。

在艷陽下的站前廣場愉悅聽著很有水準的爵士演奏，看見會場周邊還有名產推廣攤位，Milly買了一片夕張哈密瓜，才100日圓，比在觀光區購買足足便宜一半。如此這般，不但Milly可以完成味覺體驗，解決掉一個北海道必嘗的美食項目，同時也算是為日本最有名的財務破產鄉鎮夕張盡了一份「應援」的心意，雖然只是100日圓。

不過呢，這應援真是甜蜜呢！哈密瓜真的很新鮮多汁又香甜，好吃！

13:38搭乘普通列車從旭川經由富良野前往幾寅，在地圖上看去不長的距離，乘坐普通列車卻大約要兩個小時又三十多分鐘，好在沿線微雨後的田野風光非常清新舒暢，途中更跟一些放學的小朋友同車廂，很熱鬧地在16:08準時到達月臺兩側開滿野花和玫瑰的幾寅車站。

幾寅車站又稱為幌舞（ほろまい）車站，或是該說，幾寅是本名，而幌舞是這車站在電影《鐵道員》裡的「藝名」。
本來Milly想一個人先在車站周邊逛逛，但是Log Hotel LARCH接客小巴幾乎是在Milly走出這無人車站的一瞬間就剛好停靠，所以就在熱心又可愛的司機阿伯帶領下，參觀了電影設在站內的道具展示中心以及在周邊搭建的車站、食堂和理髮店等景點。站前還停靠了一輛暱稱為「ぽっぽや」號的廢棄列車，據說這列車也有參與電影演出。

第二天一早，同樣在這車站轉車前進帶廣，那時看見了兩輛巴士停靠參觀，一輛是日本團一輛是臺灣團，車站周邊頓時變得很熱鬧。
通常旅行團都會把這幌舞站和周邊因為連續劇《北國之春》而成為熱門觀光據點的鹿野之森連成一條順線，只是Milly沒看過《鐵道員》，也沒看過《北國之春》，沒有了相關劇情的印象來激奮情緒，朝聖的心情就相對平淡很多。
但單純以一座車站來看，Milly真的很喜歡那從車站看去月臺、從高處月臺俯瞰車站的姿態，以及列車以遠山為背景駛入的姿態，尤其是在花朵的襯托下。
然後幾乎可以確定的是，當大雪覆蓋北海道的時候，這無人車站一定更美更有鐵道員電影中北國大地一座孤寂車站的悲壯氣氛。

◖ 前往幾寅車站

◪ 幾寅車站

◪ 電影《鐵道員》拍攝舞臺

在小巴司機大哥熱心導覽參觀幌舞車站後，接著驅車前往距離車站15分鐘車程、位於金山湖畔的Log Hotel LARCH～ログホテルラーチ。

開朗的司機大哥很有推廣觀光熱誠地對著Milly介紹沿路的景點，還在途中讓Milly在湖畔下車，去拍拍那盛開中的薰衣草田。

在列車上雖說已經瞥見了金山湖在環山圍繞下的浩淼模樣，貼近去看，更是不能不感動於湖面在大自然下的壯麗。

周邊幾乎沒有任何人工建築，只有最自然的湖光山色，很有點置身歐美湖區度假地的感覺。

Log Hotel LARCH坐落在金山湖畔邊的山丘上，從這湖區度假旅館走到湖邊不過7~8分鐘。Milly在check in之後穿了雙夾腳拖鞋輕裝走到湖畔散步，那感覺真的相當不錯。因為不是假日，廣闊湖區只有少數在散步的遊客，清幽的大自然除了時而傳來的鳥鳴外，就只有風吹過樹梢的聲音。

繞道返回旅館的途中聽見陣陣歡樂的笑聲傳來，循著聲音走過去，原來是在湖畔紮營的家族正在暮色中烤肉。

如果在此紮營，天氣好時可在滿天星光下入眠，一大早可以在湖畔散步，面對湖光山色喝杯早安咖啡，在陽光還不太強之時，在湖中划划獨木舟，然後還可以看見暮

📷 Log Hotel LARCH

📷 旅館客房

色中山影倒映在多彩湖面上的絕景，一切的一切該是多麼愜意。

只是Milly畢竟是喜歡一個人的旅行，加上也不是戶外紮營好手，這些美好的可能就只能留在幻想中了。

其實說實在的，雖說這次在Log Hotel LARCH住宿的經驗也很愉快，但還是不能不說，這旅館不是那麼適合單身旅行者，因為旅館最具特色的是山林間綠草坡上一棟棟度假小屋。

Log Hotel LARCH的客房有兩類，一類是Milly所住的本館樓中樓雙人房（LOG HOTEL），另一類是位在林間有廚房設備讓Milly很憧憬的獨棟度假木屋（COTTAGE）。有6棟可供5人入宿，3棟可供8人入宿。

因此，最佳的度假方式應該是租一輛車，然後一家人或一行人包下一整棟小屋，在此住上個幾天，再以此為據點開車到周邊小旅行，有時可以在旅館的餐廳用餐，有時可以到附近的鄉鎮吃飯，更可以自己採買食材，在寬大的陽臺party，或換換氣氛跟湖畔露營場租個烤肉架BBQ。

不能一行人入宿，Milly就設定自己是在湖畔放鬆度假，畢竟這旅館最大的資產還是大自然，一踏出陽臺就可看見高聳杉木的幸福已經很足夠。更別說這裡的料理頗讓人期待。

◙ 獨棟度假木屋

La Montagne蒙特婁餐廳

Check in時客房經理會詢問你要日式或西式料理，以為在這北美風的度假旅館吃日式料理很微妙，於是選了西餐。

餐廳天井很高，還有一整面兩層樓高的落地大窗，望出去是一大片杉林。

至於期待中的晚餐沒讓人失望，本來以為旅館是「南富良野町振興公社所」規畫、公家經營，可能料理會有些國民旅館的簡樸感，但是意外的，這裡的南法料理很有水準，盤飾也很漂亮，一點都不輸給都會的法式餐廳。

難怪了，觀察別桌客人，似乎除了部分房客外，很大一部分的客人都是專門來此用餐。這裡的餐廳對外開放，午餐也頗受好評。

附屬餐廳La Montagne的主廚是豐島勝美先生，除了充分運用當地食材、料理水準很高的特點外，那面對森林的寬大陽臺更是一大特色。晚餐後的飲料和甜點自然就很樂意地聽從大廳主任佐佐木茂先生的建議，移步到陽臺享用。

從陽臺望過去，正好面對一排筆直的杉木林，一輪明月從樹梢緩緩升起。

眺望著這美好月色，Milly不禁悠然沉醉起來，要不是這山林旅館即使在夏日晚風還是相當涼沁，否則真想這樣一直望著月色爬到更高的天際。

第二天一大早先在廣大的綠地上散步，帶著些期待的心情悠閒地遊晃著，期待的是或許可以看見從森林中出來散步的狐狸。

 旅館晚餐

 旅館早餐

因為看見其他旅人的網路日記，曾經在夏日度假期間在這裡看到優閒散步的狐狸，
房間內放置的繪本也是以這裡的狐狸為背景。

可惜期待很大，卻沒能因此巧遇金黃色散步中的狐狸。或許正如資料顯示，7、8月
是狐狸育兒的繁忙期，跟狐狸巧遇的可能不大。

晨間散步後最期待的當然還是早餐，前晚的晚餐很滿意，早餐自然也很令人期待。
果然早餐完全沒有辜負期待，新鮮好吃，尤其印象深刻的是那用黃色番茄製作的自
家果醬。只是不明白的是，為什麼在西式早餐中會出現用西式餐碗精美端出的豆
腐，難不成是這裡的豆腐實在好吃，不能不推薦？

金山湖

獨木舟能不能體驗？

早餐後的咖啡，Milly依然選擇在陽臺享用，珍惜離開前的短暫悠閒。

本來如果行程允許，比較理想的安排是早餐後先去參加金山湖畔的獨木舟體驗，之後再回到旅館拿回寄放行李，搭車前往下個據點。

最想參加的是冒險！空知川カヌー下り（冒險！空知川獨木舟之旅），從中午到黃昏，沿著溪流一路觀察兩岸自然景觀和野生動物。

只是這個獨木舟行程長達六個多小時，除非是三天兩夜的行程，否則要去串接前後的觀光動線會有點困難，畢竟這區域對於Milly這樣的個人旅行者來說，最大的缺點還是巴士和鐵路班次都不多。

退而求其次，Milly就想或許可以參加一大早的基本獨木舟行程，時間大約是一個半小時，地點就在旅館前方的金山湖。

可惜在請旅館人員幫忙預約時，得到的答案是因為近日預報天氣狀況不佳，沒有其他人預約，當天行程都取消了，殘念。

其實，最理想的大自然空知川獨木舟體驗季節大約是8月，如果要參加，最好提早報名。

Milly查詢資料，這家hat!感覺不錯，可以參考。可請旅館幫忙預約，獨木舟俱樂部會派車來免費接送。

在南富野區域沒能如願體驗到獨木舟，有點遺憾，好在後段行程中還有兩個可以體驗獨木舟的區域：釧路濕原和大沼公園，因此就沒多堅持，行程略作更動，繼續出發上路。

note Log Hotel LARCH
—————————————
空知郡南富良野町東鹿越
http://www.larch.jp/

note hat!
—————————————
http://www.hokkaido-adventures.com/

帶廣。追尋大草原上的樹屋

緩緩前進帶廣
- Richmond Hotel帶廣站前
- 帶廣站內豚丼ぶたはげ
- 小小咖啡屋FLOW MOTION

NAITAI高原牧場？
- 迷路迷徑大失敗
- 六花亭本店

幸福還是愛國？

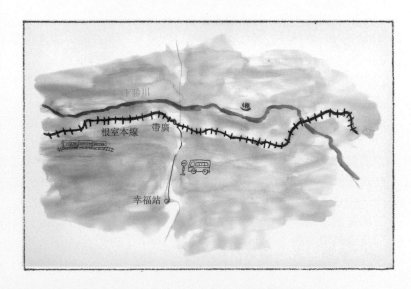

原本這次行程是要回到富良野遊覽，不過因為前段路程走得很順，比預期更早體驗了富良野一些想去的地方，倒是帶廣區域，每次幾乎都是路過和轉車，沒能好好遊覽，於是就改成住在帶廣，在這裡待上3天2夜。
一般來說，如果隨身攜帶電腦，又有可以上網的環境，旅途上隨著情緒和天氣更改行程、不斷變通，有時更會多出些意外的樂趣。

短暫體驗過後的感想是，帶廣真是主題豐富的休閒城市。以帶廣為中心，延伸出去的帶廣、十勝區塊中有炭烤豬肉蓋飯、六花亭甜點的美食，及中札內美術村、紫竹花園等大自然圍繞下的美術館和公園，有鐵道主題的愛國車站、幸福車站，還有憧憬的三余庵和北海道HOTEL，有可以朝聖探險家植村直已的冰雪紀念館，有日本唯一的植物性MORU溫泉。Milly個人以為帶廣的豐富性，完全不會輸給近年來因為旭山動物園而大大繁盛的城市旭川。

以下就來分享一下Milly在帶廣的3天2夜小旅行，有意外的驚喜，有大滿足的體驗，也有小失敗的懊悔。

到達幾寅車站，預計搭乘9:58的快速狩勝列車，大約11:28即可到達帶廣。從幾寅直達帶廣的快速列車，除了這班列車外，下一班就要是20:06，由此也可完全看出這條路線的班次有多麼稀少。
除了鐵道外，另一個選擇則是搭乘往來於旭川和帶廣間的高速巴士ノースライナー號（North Liner）。這些城市間的巴士路線，分為「狩勝峠經由」和「三國峠經由」兩條路線。「狩勝峠經由」每日有3班往返，「三國峠經由」則只有2班。會通過南富良周邊的是「狩勝峠經由」。
不過，雖說是快速列車，卻依然是一人駕駛一節車廂，乘客也是不停上上下下，很有地方列車的生活風貌。
在途中Milly看見了這對，年輕媽媽愉快地用手機拍戴著草帽的可愛兒子，Milly則忍不住偷拍下母子倆可愛的互動。
啊！被小朋友發現了，給了Milly一個甜蜜的笑容。

帶廣整體上是一座個悠閒的城市，走出車站就可感覺到。不管是從前往巴士總站的北口或圖書館方向的南口出去，映入眼簾的都是寬闊的廣場，站前沒有雜亂的商店街，而是筆直的道路和行道樹。
正如這城市給自己的定義一般，這是一座非常美麗的田園都市，企圖將都市、農村以及自然環境融合在一起。

◖ 列車上可愛的母子檔　　　　　　　　　◖ 帶廣車站周邊

Richmond Hotel帶廣站前

帶廣車站周邊的旅館比起上次前來多了很多，Milly選擇的是在2008年6月7日才新
開幕的「リッチモンドホテル帯広駅前」（Richmond Hotel Obihiro Ekimae）。
Milly對新開幕旅館一向沒有抗拒力，因為新開幕的旅館，幾乎是絕對的新穎乾
淨，開幕的價格優惠更是吸引人。像這次的單人房不過才6300日圓，利用訂房網站
訂房有點數折扣，一晚不過5700日圓。房間寬敞，床鋪舒服好睡，可以無線上網，
窗戶看去的綠意不錯，以為是滿意度很高的一次住宿體驗。
這新開幕的商務旅館離車站很近，幾乎就在車站邊，一出東口就可以看見那洗練的
建築外觀，一分鐘的腳程而已，方便搭乘巴士和鐵道做放射狀的周邊小旅行。

除了房間新穎舒適外，飯店一樓的亞歐義大利創意料理餐廳「夜光杯」也頗推荐。
本來當晚就想或許可在睡前去小酌一杯，只是這兩三天住的都是以美食為主的旅
館，接下來更要住宿料理非常讓人期待的「三余庵」，於是這天就稍為控制一下預
算，決定早餐才去體驗。

基本上，在預約時就可以選擇要不要附早餐。Milly預約的是不含早餐的單人房，
臨時想要去吃早餐，打折後大約要付1000日圓，即使以商務旅館來說，還是略微偏

note Richmond Hotel Obihiro Ekimae

リッチモンドホテル帯広駅前
北海道帯広市西2条南11-17
http://www.richmondhotel.jp/obihiro/

高，但自助早餐很豐富，食材又都是嚴選自帶廣十勝地區的農畜牧場，還是會讓人有物超所值的感覺。

隔天早上Milly一大早就喝了兩杯新鮮牛乳，吃了不少新鮮蔬菜和道產馬鈴薯、玉米濃湯、清爽的十勝豬肉片、十勝紅豆甜湯、有機咖啡等，說實話，是已經出現「過食」的狀態。

帶廣站內豚丼ぶたはげ

到達帶廣的時間已經是接近11:30。在站內的觀光案內所拿些資料，順便詢問如何從這裡前往那有一棵超完美樹屋的牧場。

觀光案內的阿姨很熱心地建議了巴士交通，還在時刻表上用螢光筆畫出搭乘的時間和下車的車站。

■ 旅館早餐的食材來自當地農牧場　　■ 夜光杯餐廳有推荐的創意料理

■ 美味得出乎意料的豚丼專門店

但那其實這是一個完全錯誤的建議，造成Milly很難得地在一個不知名的鄉村流浪，這段留待後續再說。

在展開周邊小旅行之前先填飽肚子，午餐自然是來到帶廣不能不吃的炭烤豬排蓋飯。可惜的是觀光客必吃的元祖豚丼のぱんちょう雖然就在旅館旁邊，卻因為週一公休，不能完成味覺體驗。但是肚子實在太餓，也沒力氣再去其他地方，於是就「遷就」地在站內的炭烤豬排蓋飯餐廳點了一份。

可是真的是意外中的意外，這裡的豚丼真是好吃到不行，讓Milly暗暗驚呼「那以前在列車上吃到的帶廣豚丼火車便當到底算什麼哩？」

或許這間豚丼之所以好吃美味是有其背景的，只是Milly孤陋寡聞也不一定。

這間網燒豚丼專門店ぶたはげ，是昭和7年創業天婦羅老舖的關係餐廳。嚴選了道

note ぶたはげ
────────────
帶広市西2条南12丁目9
JR帶広駅 エスタ帶広「とかち食物語」内
10:00~20:00，每月第三週的週三休
http://butahage.com/

東的特上五花豬肉，加上本店的天婦羅「祕方醬汁」，堅持現點現烤，將熱騰騰的嫩烤豬排放在香甜的白飯上再淋上醬汁上桌。

難怪如此美味好吃，大滿足。

其實在等著豚丼端上桌的短短3分鐘內，聞著小小店內的烤肉香，已經是忍不住口水直流。

不過Milly還是會想著，如果這間豚丼已擁有這麼讓人難忘的美味，那元祖的ぱんちょう不是更會好吃到令人崩潰嗎？

小小咖啡屋FLOW MOTION

吃完極品豚丼之後心情大好，繼續探訪一間資料顯示非常靠近帶廣車站的咖啡屋FLOW MOTION。只是Milly的路痴天份又發揮了作用，明明不過7分鐘的路程，Milly硬是花了20分鐘以上才找到。不是藉口，這真是一間很難找的咖啡屋，比想像中嬌小很多的建築，要從大馬路上「五條花店」和「松江肉舖」間狹小的小路走進去才能發現。

不過即使是這麼一間狹小又隱密的咖啡屋，卻濃縮了豐富的愉悅生活主題，甚至會想如果Milly生活在帶廣，這咖啡屋一定是要去馴養的。

但因為迷路浪費了太多時間，在時間不充分的情況下，如此可愛的咖啡屋也只能參觀不能享用。

可以參觀的咖啡屋？

近日常會想，Milly雖然愛喝咖啡，但對咖啡的品質沒有絕對的執著，只要不是太難喝或是三合一的沖調咖啡就好。

相對的，對咖啡屋空間卻是很執著又沉迷，只要迷戀上，不論天涯海角都想一去。

因此換個角度來說，咖啡或許就是Milly去消費一間憧憬咖啡屋的「入場券」，藉著點一杯咖啡來進入這咖啡店主人呈現出的世界。

但是這回Milly怎麼可以如此厚顏地闖入一間咖啡屋，而且是一間小小的一進入一定會引起注意的咖啡屋？

原來這間咖啡屋除了好吃的蛋糕捲和咖啡外，有限的空間幾乎都讓給了書籍和雜貨，所以Milly可以用來看書籍和雜貨的態度，有點冒失地闖入。

還有一個原因是工作人員好像正在為一個很重要的展覽開著會，於是跟Milly略微示意後，就又回到一旁小圓桌繼續開會了。一家自由風的咖啡屋。

■ 咖啡屋的主角是書籍和北海道手創雜貨

咖啡櫃檯前放了一座白色書架，上頭放了很多在東京大書店都可以看到的生活風雜誌，同時因為這是位於帶廣的主題書店，《northern styleスロー》這本十勝區域發訊的雜誌，自然也一定可以找到。

此外在以白色為主調的空間裡，也善用每個角落放置了生活、寫真、藝術、繪本等書籍，另外還有一些生活主題CD。在書籍和幾乎是被忽略的咖啡區空間外，還放置了店主自己和北海道手創作者的雜貨作品。

據說當初在規畫這間以文化生活發訊為企圖的咖啡屋時，定下的主題便是「店中陳列的所有東西，都是最想送給自己以及最珍惜的人的禮物。」

而從咖啡店完整的名稱「FLOW MOTION～real shop + café and gallery」來看，也可以窺出這間小小咖啡屋的大大理想。

所謂的gallery是一間小小的展覽室，Milly去的那天似乎是一個空間展示，雖然不是很看得懂要表達什麼意念，但那以鮮嫩綠色和漩渦圖案構成的作品，還是可以啟動直覺，簡單地去喜歡。

原本在一旁開會的男子似乎就是這作品的作者，知道Milly是海外來的遊客，很高興地跟一旁的人炫耀，還邀請Milly在他的作品前合影一張，留下證據。

note FLOW MOTION～real shop + café and gallery

帶広市西5条南13丁目11番地
10:00～20:00，週二休
http://www.obnv.com/cafe/341/

🔲 店内的小小gallery

短短的咖啡空間體驗後，Milly回到站前的巴士站搭乘51號糠平線巴士。

根據帶廣站內觀光案內所櫃檯阿姨的建議，要去ナイタイ高原牧場（NAITAI牧場）可以在最接近的「糠平スキー場前」下車。Milly在聽這建議時多少也有點懷疑，畢竟從地圖上看，糠平スキー場和NAITAI牧場似乎不是很接近。

至於Milly為什麼非去NAITAI牧場不可呢？

其實追溯原點，還是因為一張照片。照片上廣闊的大草原上矗立著一座非日常模樣的樹屋，不是那種小規模的樹屋，而是虛幻動漫世界中才會出現的雄偉樹屋，於是出發前和旅途中就不斷牽掛著這座樹屋。

NAITAI牧場號稱日本最大的牧場，約有358座東京巨蛋那麼大，在這牧場裡除了可以看見牛羊放牧的風景，牧場內還有餐廳和遠眺十勝平野的展望台。

那高高聳立的樹屋是為了拍攝雀巢咖啡廣告而搭建的，之後就保存下來，成為牧場最受歡迎的一個角落。

因為真的非常想去一探究竟，出發前就不斷上網查詢交通方式，結果答案都是開車去。若不能自己開車過去，似乎就只剩下搭小黃計程車了，但那包含NAITAI牧場的6小時計程車觀光行程，最便宜的居然是要一輛車一趟28500日圓。

可是不騙你，Milly真的一度考慮搭乘，由此可見有多想去這座牧場。

不過話說回來，這計程車的觀光行程真的不錯，包含了然別湖、糠平湖廢線跡、鐵道迷憧憬的上士幌町鐵道資料館等，如果四個人分攤其實也頗划算。

迷路迷徑大失敗

也就是這樣，當阿姨告知可以搭乘巴士前去NAITAI牧場時，Milly才會一時意亂情迷地相信。當然也可能是這一路下來旅途實在是太愉快太順利，以致Milly以為可能會有奇蹟發生也不一定。

唯一剩下的一點理智則是Milly沒有搭乘14:00的巴士而是改搭13:00。

13:00的巴士沒有到糠平スキー場，卻可到達「上士幌役場」（鄉公所）。Milly以為可以先下車問工作人員，如果這巴士確實可以到達NAITAI牧場附近，還有充裕的時間搭乘14:00由帶廣車站發車的巴士。

在自認一切完美的情況下愉快地搭上巴士，腦海裡已經描繪著站在那高聳樹屋前的模樣。離開市區，窗外放眼望去都是一樣的無際田地，大約70分鐘，巴士到達上土

幌役場，Milly大搖大擺進去找到了觀光課的櫃檯。

只是Milly的詢問可是嚇壞了年輕的女職員，立刻求助較資深的課員，之後更驚動了另一部門觀光推廣的男職員（挺帥的喔），結果Milly得到的答案是糠平スキー場根本不接近NAITAI牧場，在這巴士路線上最接近NAITAI牧場的其實只有上土幌役場，而從這前往的方式只有開車。

女職員熱心幫忙打電話向附近的計程車行詢價，結果來回估計要一萬日圓。

這時Milly心情開始動搖，花一萬日圓為了拍一張照？的確有點誇張。

可是都來到這了，或許……正在猶豫時，男職員很誠懇地說服Milly說：「今天的天氣不是那麼好，即使去了，應該也看不見海報上樹屋在藍天下的模樣。」

只好放棄了，天候是原因之一，預算也不能不考慮。

看著Milly一臉失望，女職員又突發奇想，建議或許可以在附近租個腳踏車，一路騎過去。

正當Milly想要說：「我不會騎車啦！」男職員又一臉誠懇地阻止：「不行！騎腳踏車絕對是無理的行為。」

好，結論就是放棄了！

這時心裡也不由得小小地咒罵那觀光案內所的阿姨，妳的資料真的很害人。

前往NAITAI牧場的計畫失敗，只好乖乖坐巴士回去帶廣。

可是女職員給的答案居然是下一班回帶廣車站的巴士居然是在17:20，那不就是說Milly必須在這放眼看去只有住家和田野的區域晃蕩三個小時。

天啊！這是什麼狀況？

在有點自暴自棄的心態下，Milly決定先走出上土幌役場，心中想著最慘的狀況就是搭乘17:20的巴士，要不就還是依照計畫搭乘往糠平スキー場的巴士，至少可以看看那到底是怎樣的地方，在這之前就不如在附近閒晃。

附近真的是田田田……放眼望去都是田野、遼闊的馬鈴薯田。本來有些小鬱悶的心情，不知怎的開朗許多。這樣或許也不壞，看不到樹屋又流落鄉野，但能看見這樣遼闊的田野，也是不錯的經驗。

在遊晃中看見了一棟很有個性的舊房子，舊屋子附近發現了車子下的橘子貓，是Milly在北海道旅程見到的第二隻貓。

或許北海道真的是太大了，土地總是毫不低調地延展到天際，所以貓很容易就隱藏了起來，一路上都很少看見貓在散步。

沿著大馬路隨性遊晃，突然奇蹟出現了。

發現了一座不起眼的公車總站，然後看了一下站牌，15:30就有一班巴士從這裡發車返回帶廣車站。原來Milly來時搭的是十勝巴士，而這巴士總站是北海道拓殖巴士，不同的巴士系統。

就是這樣，Milly就比預定時間早些搭上巴士，然後在巴士上繼續振奮地安排了一條不同的黃昏動線。

如果是一般正常人，在搞砸了當日的主要路徑後可能會就這麼放棄，留在原地休息算了。但Milly不是正常人（笑），甚至有點旅遊的偏執，在一個計畫失敗之後，會傾向趕快用另一個新計畫來補償。

就這樣，查閱手頭上的資料，知道巴士會在16:47到達帶廣車站，之後有班前往「幸福車站」的巴士，發車時間是17:45。

六花亭本店

在等車的空檔，Milly去了離帶廣車站約5分鐘路程的「六花亭」本店。要知道在北海道處處都有六花亭的店鋪和販售櫃檯，但這代表北海道菓子屋的六花亭本店卻正是在帶廣，因此怎麼說都該去朝聖一下。

本店一樓是店面，二樓是咖啡屋。裝潢沒有特別亮眼，但坐落的位置很棒，透過二樓窗戶看去盡是悠然的綠意，置身其中非常愜意。

更何況這裡的甜點選擇很多又具特色，選擇時很猶豫，因為都想嘗試。

當天點的是放了糖煮栗子的抹茶聖代，甜味控制得很優雅，抹茶的香味也很濃郁，佐著蜜紅豆一口吃下，滋味豐富又順口。

吃了冰涼、甜蜜又美味的甜點，體力和心情幾乎完全呈現「更新」狀態，可以繼續出發散步去。

note 六花亭本店

帶広市西2条南9丁目6
10:30～18:30，無休 | www.rokkatei.co.jp

享用了甜蜜的六花亭甜點，回到車站搭乘17:45「廣尾方面行」的十勝巴士前往幸福車站。

巴士會先經過愛國車站才會到達幸福車站，但是天色大約7點以後就會變黑，於是根據公車時刻表，只安排了幸福車站的來回行程。

畢竟比起愛國，幸福還是比較重要。

即使是這樣，時間還是有點急促，根據巴士班次時刻表，17:45從帶廣車站出發，18:36到達，從巴士站走去幸福車站約5分鐘，而回程巴士則是19:07，計算下來，體驗的時間不過是30分鐘左右。

但怎麼樣都是還是想去，理由還是因為Milly身上的「鐵份」，對鐵道迷來說，都到了帶廣，當然要去幸福車站朝聖。

在舊國鐵「廣尾線」正常通車時期，相連的兩座車站「愛國」和「幸福」，剛好連成了「愛の国から幸福へ」（從愛的國度前往幸福），是這樣寓意很浪漫的路線。

原本幸福車站還只是在一部分鐵道迷間口耳相傳，後來在1973年經由NHK電視台的報導，知名度大大提升，周邊車站紛紛推出了「XX車站開往幸福車站」的車票，其中愛國車站發售的「愛国から幸福ゆき」則最受歡迎。

但即使是如此地話題操作，還是改變不了廣尾線乘客短少、營運困難的狀況，1987年2月，幸福車站隨著廣尾線廢線，同步廢站了。

幸福車站廢止使用後，原有的候車室和月台都保存了下來，之後更在周邊興建了農村公園和大型遊覽巴士的停車場，讓這座廢棄的車站成為帶廣觀光巴士一日遊中的主要觀光點。甚至連來回帶廣空港的機場巴士都可以在此停車。就是說，只要算好時間，或許可以一下飛機就坐巴士來幸福一下。

在基本的帶廣觀光巴士行程中，愛國車站是「車窗導覽」，就是不下車，只是透過

● 廢棄的幸福站

幸福車站的幸福鐘

車窗觀看。可以下來體驗的是幸福車站。Milly自訂的行程也很類似，只是從巴士車窗略微看了看愛國車站的入口，小小遺憾沒能看見SL蒸汽火車。

過了愛國車站，大約15分鐘巴士到達幸福站。在愛國車站有一個「鐵道迷」模樣的男子上了車，之後也跟著Milly在幸福站下車，應該是一路朝聖過來的。
快步走向幸福車站，畢竟已經是下午六點半多。車站內已經沒有什麼遊客，除了Milly和鐵道迷男子之外，就只有另一對開車過來的情侶檔。
在這樣寧靜的黃昏暮色中初體驗幸福車站，其實還真是頗幸福的事。
小小的木造候車室貼滿到此一遊的名片和車票，通過掛著幸福鐘的拱門，前往停靠著橘色列車的月台。
從月台看過去是一大片無邊的田野，而那停靠著的列車依著遼闊的天際，似乎隨時都有可能再啟動出發的模樣。
會不由得幻想起來，如果這車站依然是使用中的狀態，在這裡候車啟程會是多麼浪漫的事。

回程的巴士時間逐漸接近，把握幸福的時光，用力地大大撞了一下那幸福的鐘，宏亮的鐘聲在空曠而安靜的大地中回響。

依依不捨離開短暫停留的幸福車站，忽然看見一面公路指標，上面標示的是正是一邊往愛國、一邊往幸福，不用多說，當然還是要往幸福那邊走嘍。

不行，如果往幸福那邊走，就回不了帶廣車站，也只好偶而愛國一下。

可能是Milly的愛國情操感動了大地，在回到站牌前時轉身一看，忽然看見了，在森林那端火一般燃燒的壯麗黃昏。

在天氣預測陰雨天的情況下，能看到這樣璀璨的夕陽，真是奇蹟！

雖說當日在硬闖NAITAI牧場樹屋的過程有些許挫敗，但能以這樣的黃昏來結束一天的行程，依然覺得是很美好的。

不過這裡還是要小吐槽一下帶廣的觀光單位，首先給了Milly不正確的觀光資訊。

再者，巴士站的站牌上居然沒有特別標示往廣尾線的巴士可以到達幸福和愛國車站。如果這兩座話題車站是帶廣很珍貴的觀光資源，更積極標示一下不是更好？

不單如此，第二天Milly要去的中札內美術村，同樣沒有明顯的公車路線標示，連地方的觀光網站甚至中札內美術村官方網站上都只貼上開車前往的地圖，沒有搭乘巴士的建議。

Milly一度誤以為中札內美術村沒有大眾工交通工具，要不是在查詢幸福車站的巴士路線時發現有一個停靠站叫「中札內美術村」，可能又要為了這美術村動用小黃。

PS: 通往幸福的巴士票價：從帶廣車站前往愛國車站是460日圓，前往幸福車站是590日圓。而從愛國車站前往幸福車站，要440日圓。

■ 要選愛國還是幸福？

帶廣 . 綠意、美術館和憧憬旅館的路徑

柏木森林間的中札內美術村
· ポロシリ餐廳

帶廣市區小散步
· 淡淡咖啡屋
· 北海道HOTEL
· 帶廣美術館

五感體驗職人精神的三余庵
· 三余
· 五感
· 美食

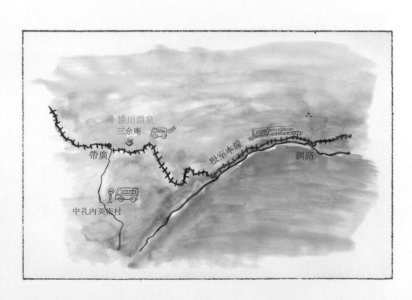

帶廣美術館

在旅館吃完了豐盛的自助早餐，體力全開，準備前往中札內美術村。
從帶廣車站到中札內美術村，搭乘巴士大約一小時，單程車費是880日圓。
搭乘的是60號的廣尾線巴士，也可以前往幸福車站和愛國車站，因此更順線的小旅行或許應該是愛國－幸福－中札內這樣一路玩下去。

中札內美術村，光是看見那個「村」字，就可以預期這不是腹地很小的美術館。
的確，美術村是以6萬坪的柏木原森林為基地所規畫出來的戶外美術館。
因此在這美術村內遊晃會有在森林裡散步的感覺，森林路徑相當堅持地保有自然的一面，幾乎沒有過多的人工水泥物。美術館都是石造或木造古建築，美術館、餐廳與紀念品販售店之間更是很用心地鋪設了枕木。
須特別注明的是，這些林間步道的枕木，可都是取自廢棄的廣尾線鐵道，是鐵道迷的話請務必check。

進入美術村不需入場券，四間美術館：相原求一郎美術館、北の大地美術館、小泉淳作美術館、佐藤克教現代木版画館，每張票大約是500日圓，也可以買四間美術館的聯票1200日圓。
如果你像Milly一樣，沒有太積極的藝術鑑賞動機，只想看看茂密柏木林間每間美術館的建築、隨意觀賞一下林間的雕塑，再去那放置著很多現代藝術雕塑的廣大草原散步一下，那麼，不用花一毛錢就可充分感受這美術村的魅力。

■ 中礼內美術村周邊的馬鈴薯花田

 戶外雕塑    夢想館gallery

北之創作椅子展   北の大地美術館

據說在6月中旬還可在林間發現到北海道最可愛的花朵「鈴蘭」，這個季節來此的話可要留意。

即使不是鈴蘭盛開的6月，林間也有很多可愛卻叫不出名字的野花。

更讓Milly驚喜的是，美術館沒有人工的圍籬，幾乎就那樣跟周邊的田野融成一體，所以在美術館周邊可看見無邊無際的玉米田和馬鈴薯田，而馬鈴薯花正在盛開，淡紫和純白花朵滿滿地向天際延伸，像張大自然的花地毯。

多年前在北海道看見後難忘的景象再次出現，感動之餘忍不住一張張地拍著，對Milly來說，這馬鈴薯花田正是最完美的大自然藝術品。

說到花，要特別提到這美術村是由六花亭菓子屋所規畫，因此園內名為「柏林」的販店裡，除了美術館的紀念品外，也可以買到各式六花亭甜點。

另外，村內還有家很有特色的茅草屋，是名為「花六花」的烏龍麵店和甘味屋，只是那天正巧公休，沒能前去小歇喝杯茶，只能在「柏林」買了一個非常可愛的貓頭鷹甜點，那神情實在太憨直可愛，一瞬間還真是捨不得一口咬下去。

在柏林買到的六花亭甜點

note 中札內美術村

河西郡中札內村栄東5線
10:00～16:00，冬日休館日請上網查詢
www.rokkatei.co.jp/facilities/index-1.html

ポロシリ餐廳

在林間的美術館和周邊的田間散步後，時間接近中午，於是前往那像棟森林度假屋的餐廳ポロシリ用午餐。

意外地都是很家常的料理，而且是自助餐點餐的形式，很有點在學生食堂用餐的感覺。建築的前身居然是北海道大學第二農場的穀倉，難怪這樣有風味。

Milly點了超新鮮的青菜沙拉和雞肉飯，料理很樸實，口味是清爽的健康風味，因為食材都是來自周邊農場的關係吧。

天氣好時，絕對建議在陽台用餐，可以就這樣沉浸在度假的氣氛中。

時間允許的話，或許真的可以更悠閒些，每座美術館晃晃，喝杯咖啡再用個餐。

之後再去也是由六花亭企畫的「六花之森」，距離中札內美術村約10分鐘車程。

在溪邊的六花之森有個很浪漫的構想，就是希望能建立一座在大自然中有如六花亭包裝紙上花朵盛開模樣的森林。

note ポロシリ

河西郡中札內村栄東5線172-1中札內美術村
10:00～16:00
4～10月定休

搭上返回帶廣車站的巴士，在三余庵的接客車來之前，安排了帶廣市區的周邊散步。第一個目標是重溫北海道HOTEL，然後再順線散步去帶廣美術館。

說是重溫，正確來說只是去拍些照片，希望趁這天的好天氣留下一些記憶畫面。

如果感覺到了，也想去上次沒能悠閒喝杯咖啡的中庭咖啡屋喝杯咖啡。

● 淡淡咖啡屋

Milly以難得正確的方向感沒在帶廣車站下車，而是以地圖判斷，在中途的「ポスフール帯広」下車，再走到西7條南的北海道HOTEL。

不過，一下公車還沒走到旅館，就忽然瞥見一間咖啡屋「TANTAN」，淡淡，瞬間被吸引住，停下了腳步。

首先是被那泛黃的咖啡豆招牌吸引住，繞到店門前，那隨性卻又鮮豔的花圃頗有風味。猶豫了一下，推門進去，好奇的成分很大，幻想著或許裡面有位隱身在都會殘破咖啡屋的咖啡豆烘焙師。

只是入店的第一眼印象還真是震撼，簡直像是拾荒屋，裡面充斥著殘舊的家具和擺飾，連到處放的植物也都是一付放棄生存的姿態。

客人有兩桌，一對像是偷情的中年滄桑男女，一個像落寞作家的老人。

老闆？有些失望，不是隱居的咖啡豆名人，而是普通的歐巴桑，一隻眼睛異常紅腫，似乎眼睛不是很舒服。

老闆娘以狐疑的眼光打量著Milly，畢竟在這個空間裡，Milly是最不協調的存在。

點了杯咖啡，一看，桌子還是多年前風行的小蜜蜂電動玩具台，有意思。好奇地窺看周邊，最震撼的是那貼在牆上的披薩餐單，強烈訴說著時光的痕跡。350日圓的披薩該是怎樣的滋味，在這樣沒生氣的咖啡屋內有些好奇，但終究沒有勇氣嘗試。

咖啡端上來了，「啊，再次見到迷你攪拌棒」，這是第二次衝擊，上一次是在東京周邊千葉的大海站邊破舊咖啡屋。

喝了一口咖啡，好喝！幾乎是奇蹟的好喝。苦澀中有回甘，還有滑潤的口感，跟咖啡屋空間內沉澱的殘破空氣是完全的對比。

奇蹟般好喝的咖啡讓Milly的腦子裡又開始編織起隱身暗巷咖啡豆怪客達人的故事。

PS：咖啡屋因為脫離主流商業營運，網路無相關資料。

北海道HOTEL

離開了淡淡，轉個彎就到了北海道HOTEL。
北海道HOTEL內面向綠意庭園的咖啡屋バード・ウォッチ・カフェ，英文名是Bird Watch Cafe，顧名思義，就是可以看見野鳥在林間嬉戲的景致。
上回住宿時為了體驗這邊看野鳥邊吃早餐的情趣，還特別預約了咖啡屋的早餐。
這回沒住宿，只是路過，拍了熟悉的紅磚瓦迴廊的婚禮教堂、回味了大廳內當時最喜歡的火爐前沙發座，然後走出旅館，繞到另一面去從庭園望向咖啡屋。

◖◗ 婚禮教堂　　　　　　　　　　　　　　　　　　　　　◖◗ 最喜歡的火爐前沙發座

不管從那一個角度觀看，這接近市區卻依然像坐落在森林中的
北海道HOTEL，都很有魅力。

● 帶廣美術館

以過客身分離開北海道HOTEL後，大約抓了個方向，沿著兩旁種
著花卉林道的「思い出の小徑」，往面積在地圖上占了很大一片
的「緑ヶ丘公園」方向前進。
沿路除了市政單位種植的花卉之外，公園周邊的住家也都種植著
各式各樣鮮豔的花朵，因此說帶廣市本身就像一座廣大的公園也
不為過。
實際上，從北海道HOTEL到緑ヶ丘公園是有點距離，但是沿路有
小溪流、野花、白樺木、玫瑰花園，一路散步過去很悠閒，也就
沒有疲累的感覺。（如果從帶廣車站坐巴士過去約十多分鐘，走
路過去的話就大約要四十多分鐘。）

綠ヶ丘公園非常廣大，除了一大片草原外，裡面還有動物園、兒童會館、野草園、道立美術館和百年記念館。

動物園裡面有植村直已（著有《極北直趨》一書的北海道雪地探險家）的紀念館「冰雪之家」。本來在前往帶廣前，這是一定要去朝聖的地方，可是不知為何當天到了公園前卻有些裹足不前，原因很微妙，大約是不那麼喜歡帶廣動物園那有些「蒼涼」的空洞感，一瞬間的猶疑，於是沒買票進入，旅行中這樣的情緒有時會發生，結束後回頭看會有些不可思議的感覺。

沒進去那幾乎沒有遊客的動物園，而是在綠意盎然的公園隨性散步，同時去參觀了帶廣美術館。當日的展覽是繪本作家五味太郎的作品展，線條簡單卻非常可愛的作品。

這天的小旅行是很綠意又很美術的。

● 前往綠ヶ丘公園的思い出の小徑　　　　　　　　● 帶廣美術館

充分享用過綠ヶ丘公園豐富的綠意，之後搭上巴士回到帶廣車站，等候憧憬旅館三余庵的車子來接客。

三余庵坐落在音更町的十勝溫泉，是第一ホテル（第一HOTEL）的別館。
第一ホテル面向十勝川，可清晰看見川上的白鳥大橋，天氣好時更可以看見遠方的日高山脈。第一ホテル主要以旅遊團為主，跟後方高台上的三余庵以迴廊連結，但兩家旅館卻是各自獨立，風味也不同。
聽說當初已經有些沒落的十勝溫泉推出三余庵這每晚一人3萬日圓起跳的高價位旅館時，還引起很大的顧慮，沒想到這以品質來區分客層的策略極為成功，十勝溫泉也跟著逐步復甦起來。

三余庵距離帶廣車站大約是15分鐘車程，在帶廣車站和機場有免費接送服務，不過不是固定車班，最晚得在一天前預約。
要說三余庵這間溫泉旅館，首先要設定一個「停利點」，因為如果放縱地寫下去，可能讚美的詞句會過於氾濫。

幾乎是一個無可挑剔的住宿經驗，以現階段來說，三余庵可以算是住過的日本溫泉旅館中滿意度最高的。

不論是溫泉、空間規畫、美食、服務品質，乃至於整體的經營概念，都非常讓人滿意和印象深刻。

真要挑出一個缺點，或許就是十勝溫泉鄉本身不像是由布院或是黑川溫泉、城崎溫泉鄉那樣環境幽靜兼具人文風情又有豐富多元的周邊可以消費。

沒有坐落在景觀條件極佳的環境中，卻能成為北海道旅館中回客度最高的旅館（江湖傳聞甚至有一年住宿7回的客人），同時獲頒「服務最優秀旅館」的獎項，Milly以為就是由於這間旅館在每個小細節上的用心。

用心說起來很簡單，但真要在每個細節中徹底實踐卻絕不簡單，除非是真的用了心。真的用了心，客人自然會感受到。

印有三余庵字樣的小巴準時在車站前出現，下來的是一個笑容靦腆穿著灰色改良式和風工作服的工作人員，後來才知那是之後讓Milly享用難忘美食的幕後主角——料理長吉田真二先生。

上車後聽到車內不經意流洩著自然風音樂，淡淡的水聲和鳥鳴聲。

因此幾乎是在客人接觸到三余庵的第一秒開始，就已經進入這旅館「忘記時間，悠閒放鬆」的概念中。

在前往旅館的路上，吉田先生很誠意地跟Milly介紹十勝溫泉的特色。

十勝溫泉的泉水是植物性「MORU溫泉」，在世上很少見，在日本更是唯一。

「那琥珀色的溫泉，是太古的禮物」，很喜歡十勝溫泉網站上對這溫泉的注解。

原來這顏色很美、水質很柔順又沒有臭味的溫泉，是來自十勝川畔的亞炭層。亞炭層內堆積著千古以來生長在水邊的植物，像是蘆葦等，於是相對於一般礦物質含量高的溫泉，水質對皮膚的刺激會少一些，保濕成分也較高，有「美人湯」的別稱。

不久到達旅館前，早已等在門前的女性工作人員接過行李，帶領Milly進入可以看見一面綠意的大廳中小歇。吉田先生微笑退回他最熟悉的廚房，開始由帶著溫柔笑容的中年女服務員來招呼Milly。

看見大廳那以木質家具建構的簡約空間，其實Milly已經有些迫不急待地想去探訪，但是……不行不行！才說要放鬆，怎麼就急躁起來。

按捺下心情，在面對草地和花園的木椅坐下，享用迎賓點心和冰綠茶，先讓服務人員跟Milly順好晚餐的時間和內容，然後在服務人員的引領下一一去了解從大廳到房間的每一個服務和空間。

每個角落都充滿故事的三余庵

三余

在瀏覽的過程中可以充分體會到這旅館不強調奢華和氣派，卻很完整地提供樂活空間的企圖。

三余庵的「三余」，比較直接的引述是，帶廣開拓之父衣田勉三先生的恩師，名字正是土屋三余，他在伊豆地方曾經開設過私塾，名稱就是三余塾。

土屋三余的本名是土屋行道，三余是他的號。

「三余」二字則是引自他閱讀魏朝學者董遇所言後的領悟，「讀書當以三餘，冬者歲之餘，夜者日之餘，雨者時之餘。」（應當利用三餘的時間讀書，冬天是一年之餘，夜晚是白天之餘，而雨天是時間之餘。）土屋三余先生進一步解釋說：「勤勉閱讀要利用農閒時分，一年中最悠閒的時期是冬天，一天中最閒暇的時間是夜晚，而更應該善用雨天的日子。」

他當初的意思是希望能減少士農之間的教育差異，以上說法就是鼓勵農家子弟閱讀進修。

日文的「余」同「餘」，因此「三余」在這間旅館內就可以引申為「忘卻日常繁雜，在此盡情放鬆」、「忘卻歲月，悠閒度日，讓時間慢慢流逝」，希望客人真的都能放鬆身心，旅館則是用心提供讓客人實踐這步調的空間。

只是旅館依然希望連繫「晴雨耕讀」的意念，因此不但大廳有書架空間「旅愁」和舒適的座椅，僅有的11間客房更是以日本的小說名作來命名，像是川康端成的「雪國」、夏目漱石的「草枕」等。

 連繫晴雨耕讀意念的大廳讀書空間「旅愁」

像是Milly的客房就有個很文藝的名字「浮雲」，房間內也放了一本林芙美子的小說《浮雲》。

至於可以擁有一天一夜的房間，也很讓人滿意。
房間舒適寬敞，燈光異常柔和，原來三余庵每個客房的燈光都是由照明大師近田玲子小姐所規畫設計。
房間簡約大方，處處可見品味，重要的是建材都講求自然與和風職人工藝。松木的地板、琉球榻榻米和壁紙等，都是職人的手藝。

其中Milly最愛的是寢室的床褥、床前的休憩空間和洗手檯前那張可以看見職人手藝的木椅。

不能不說的還有那使用秋田檜木的寬敞浴池，浴室空間以紫色系為主調，讓那一池琥珀色的植物性溫泉更顯浪漫。
拉開百葉窗，看出去是遠方綿延的日高山脈，在這樣的環境下泡湯，極樂！
房間準備了各式天然質材的浴巾和毛巾，仔細一看，全都是三余庵以有機棉自創的品牌。
為了讓客人能更安眠，還有各式安眠功能枕，不過這對Milly或許有些多餘，因為那床已經夠舒適，一覺睡到天明，還有些可惜在住宿期間清醒的時間太短呢。

其實在三余庵有太多故事可從館內和客房內每個物件中讀出來，所有物件後面都有一個堅持著理念的職人人名，玻璃杯是「勝野好澤」，客房的木器是「佐佐木要」。雖說這旅館值得稱道的地方很多，但若要挑出Milly最感動的，大概就是這個重視職人的意念。
不單宿泊空間是這樣的堅持，最期待的料理一樣強調有機和地產地消。
早餐食材清楚標示著雞蛋是來自「草薙夫婦的農場」、培根來自「大谷先生的燻物屋」、果醬來自「佐佐木夫婦的農場」等。
以「五感」來品味料理，提供新鮮又具新穎食感的絕佳美食。

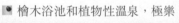 職人工藝

　　喜歡的房間角落

 檜木浴池和植物性溫泉，極樂

五感

五感，不但是在餐食方面，也是整個住宿空間的感覺。
味覺、視覺、聽覺、觸覺、嗅覺。

進入旅館，最直接感受到的就是「視覺」，一瞬間驚豔以及可以慢慢品味的空間。
三余庵是四層樓的獨立建築，整體設計由象設計集團執行，看似摩登的牆瓦方格圖
案，其實是日本的傳統市松圖案。
大廳以木和竹為主題，用來表現十勝森林印象的樹枝是取自周邊清水町羽帶十勝千
年森林的赤楊和柳切木。
地板的瓦片刻有波紋，企圖表現出水和湯泉的意念。
客人幾乎沒有特別留意的牆壁則是出自參與桂離宮修復的左官職人久住章。他以取
自兵庫、大阪、京都和淡路的赤土、黃土、聚樂、淺黃等土料為塗料。
大廳木桌放有雜誌，一旁更有小小的書齋「旅愁」，書齋旁是可以看見白鳥大橋的
酒吧「道草」。
在這酒吧裡可以喝到十勝的地酒，另外呼應旅館意念的鹿兒島燒酎「晴雨耕讀」也
是必備酒品。道草是旅館服務者跟客人溫馨相連的空間，晚餐前放著溫泉後飲用的
瀨戶內海低農藥產的冰鎮檸檬水和用可飲用的MORU溫泉所泡的柏茶。
第二天一大早，早餐之前的吧檯上則放著可以暖身或是解酒的蛤蠣湯。
面向露台的木椅區邊是壁爐搖椅空間，可以想像冬天這裡一定是最渴望去慢慢消磨
時光的角落。白天還很難沉澱心情，晚上睡前在這燈光柔和的角落坐著搖椅放鬆一
下，完全進入度假的氛圍中。

嗅覺上，三余庵請來芳療大師日下部知世子小姐統籌，客人不但能因此不知不覺感
受到自然的氣息，更可在館內的芳療室Raffine預約spa療程，讓自己煥然一新。

觸覺，是皮膚接觸到柔細的MORU溫泉的感覺、光著腳踏在地板的感覺、舒服的
浴衣穿在身上的感覺、用有機棉毛巾擦拭身體時的感覺，以及其中最愛的那雪白床
單漿得清爽綿細的感覺。
有美人湯和天然化妝水美稱的溫泉，除了可在自己房間享用外，館內還設有大浴場
風月，內風呂是秋田檜木浴池，露天風呂則是用義大利進口的磁磚。

而聽覺，很微妙的，Milly以為反而是那因為客人不多，沒有旅行團喧嘩的寧靜。
三余庵堅持更貼心更精緻的服務品質，只有11間房間，同時不收旅行團，如此自然
可以保持一定的穩定空氣。

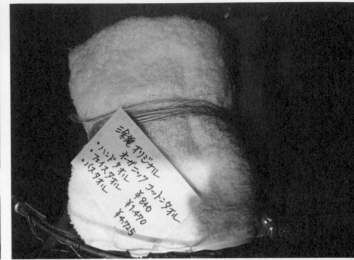

 觸覺

 大廳的壁爐搖椅空間

 嗅覺

不過其實在聽覺上，旅館方面還是有用心的。請來了自然印象大師神山純一先生統籌，在每個房間內都準備了「十勝之森」等自然音樂，書齋也放了些音樂CD，像是馬友友的演奏專輯等，可以借到房間開個自己的森林音樂會。

美食

味覺，自然就是美食。

日本料理本來就講求視覺和味覺合為一體，在享用美食時，視覺也是樂趣之一。不能不說的是，在服務和住宿上已讓人感到非常滿意的三余庵，在美食方面更是美好到超越期待。

用餐的地方是餐廳「春秋」，在主要用餐區外還有提供一家人用餐的三間個室「冬」「夜」「雨」。餐廳布置沒有很大的驚喜，但可留意那開放廚房的空間，尤其是那泛著蒸汽的煮飯土窯，更是很趣致。

然後期待的晚餐像是一曲美好的樂章，愉悅著你身體的每一個細胞。曲目是菜單，從食前酒、先附、前菜、凌ぎ、吸椀、お造り、燒物、強肴到甘物甜點。

每道菜色除了注明食材和調理方式外，更特別附上食材的出產地。

例如積丹半島捕獲的海膽、清水町的蘆筍、噴火灣的干貝、釧路號稱夢幻食材的葡萄蝦、從養育到飼料都極度堅持的十勝黑毛和牛肉、鄂霍次克海的帝王蟹，似乎所有北海道的山珍海味都被召喚到眼前一樣。

日本人在享用到美食時會不由自主發出「あ～～幸せ！」（啊，真是幸福）的歎息。在用餐期間，Milly不由得也揚起了這樣的歎息，一點都不做作，這句話自然而然就浮到嘴邊。

每道菜端上來，服務人員都會認真細心解說食材和烹調方式，幾乎每次Milly都會驚呼「きれい～」（好美）。

吉田主廚

不光是口感纖細美味，盤飾更都非常美麗，像個藝術品。

腦海裡於是不斷浮現料理長吉田真二先生那靦腆的笑容。
不瞞你說，用完餐再次看見吉田先生時，真的覺得他是閃閃發亮、充滿魅力的，然後毫不吝嗇地發自內心表達了Milly的敬意和讚美。
第二天也是由吉田先生送Milly到帶廣車站，大約聊了一下，知道吉田先生是十勝土生土長的居民，難怪能完美發揮這裡的食材。

在幾乎每道都讓人回味的料理中，最讓Milly驚艷的是將海膽放在起司上的前菜、用新鮮番茄做出的蔬菜壽司，和那炭烤後入口盡是鮮美肉汁的十勝和牛，
配上一壺冰鎮日本酒，更是絕佳。
很特別的是，在享用生魚片和碳烤牛肉時，服務生送上了精選的喜馬拉雅岩鹽，用稱為寶石的珍貴岩鹽佐著生魚片吃，還真是難忘的初體驗。

吃完了大滿足的晚餐，正喝著飯後日本茶時，溫柔的旅館女總管這時端上了一個可愛的籐籃，說是裡面放著今晚的消夜。進房間打開一看，原來是一份非常精緻的豆皮壽司。這旅館能得到最佳服務大賞，真是實至名歸，每個細節都做得非常細緻，卻又不刻意誇張。

早餐後留連在自己的房間內，但再怎樣依依不捨，畢竟有到達也就一定要有出發。
收拾好行囊，跟房間說聲「再見嘍，感謝你給Milly美好的一宿」，坐上旅館小巴，往帶廣車站前進，預計搭乘9:21的列車前往釧路。

note 三余庵
───────
河東郡音更町十勝川溫泉南13
0155-32-6211
http://www.sanyoan.com/

似乎集合了北海道所有山珍海味的晚餐

早餐

釧路 ． 搭乘風列車遊釧路濕原

釧網本線沿線小旅行
- ‧濕原號觀光列車
- ‧川湯溫泉站是美味餐廳
- ‧咖啡屋suite de baraques café
- ‧零下二十多度和夏日二十多度的回憶
- ‧原生花園臨時站賞野花
- ‧去不去知床半島？
- ‧知床斜里站大啖螃蟹海膽
- ‧驚悚的夜行列車

溫馨民宿艾莉絲花園

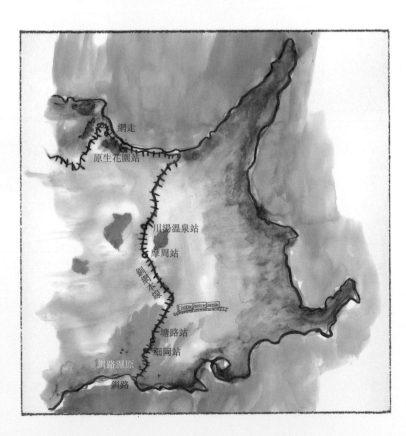

網走
原生花園站
川湯溫泉站
摩周站
釧網本線
塘路站
細岡站
釧路濕原
釧路

原生花園臨時站

離開了憧憬旅館三余庵後,接下來是前往釧路搭乘「ノロッコ号」濕原列車,遊覽釧路夏日濕原風貌後,當晚住宿摩周站周邊民宿。

到達帶廣車站時,本來還想利用搭車的空檔到ぶたはげ買個豚丼在車上吃,因為上次吃過後真的是回味無窮。根據前兩天觀察,車站內的ぶたはげ分店開得很早,應該可以順利買到才是,誰知興沖沖前去,居然公休,真是超級扼腕。

至於也在車站附近的「元祖豚丼のぱんちょう」,上次去碰到週一公休,離開帶廣這天是週三,原本計畫非吃不可,但這間1933年開業的老舖,11點才開店,如此就趕不上第一班ノロッコ号濕原列車。

豚丼和濕原列車二選一,真的掙扎了好久,最後理智獲勝,還是以風景為先。

所以之前說過,可能不會為了薰衣草卻卻會為那些美好的緩慢咖啡屋再來北海道,現在還要再加一項:會為了這好吃的豚丼再來北海道。

帶著些許豚丼未完全燃燒的失落,搭乘9:21的「特急スーパーおおぞら」(Super Ozora)前往釧路,預計10:51到達。

可是濕原號列車10:56就開了,於是Milly要挑戰一個極限,在5分鐘內衝出票口,然後衝到寄物櫃寄放好行李,之後再通過票口衝上列車。

濕原號觀光列車

濕原觀光列車在旺季的7月中,一天有兩個班次往返,從釧路出發是10:56和14:52。如果錯過了10:56這班,就要改搭11:36的普通列車前往塘路站,之後再接駁下一班濕原號。但班次一延後,理想中要在塘路划獨木舟、川湯溫泉喝咖啡、原生花園看花的路線,就會很難達成。

因此即使真的很拚,還是想拚拚看。

悠閒是很好,但有時這樣的「硬拚計畫」也是一種很難跟人分享的自我滿足。

結果在開車前的30秒,順利滑壘成功,搭上列車,這當然也要歸功於Milly多次來過釧路車站,大致能掌握站內動線。

非要拚著去寄放行李,是因為之後舟車往返頻繁,沒有大行李在身上,途中下車小旅行能更輕鬆隨性。

濕原號觀光列車共有5節列車,其中有2節是自由席,沒預約也可上車。

這天是使用北海道鐵路周遊券10天內選4天的第3天。一上車,就留意到一個年輕女

🔳 濕原號　　　　　　　　　🔳 獨自旅行的女子

子，以很「誇張」的自在姿態進行著一個女子的鐵道途中下車旅行。

姿態有多自由，參考一張偷拍照片就可以清楚感覺到。

後來在路徑上不只一次跟她擦身而過，基本上兩人的行程大致是重疊的。

濕原號觀光列車非常舒適，有面向窗外的長椅，可以開窗讓微風吹進來，也可以一覽無遺地盡情觀賞沿線風景，特別是釧路濕原的自然景觀。

くしろ湿原ノロッコ号，主要運行時間是4/26~5/6、5/10~11、5/17~6/23、6/27~9/15、9/19~10/26，（注：每年有微幅調動），春夏季以釧路濕原景觀為旅遊重點，到了秋天就變成沿線的秋色，改稱為「くしろ湿原紅葉ノロッコ号」。在冬天又會變身為「流冰ノロッコ号」，是觀看流冰的觀光列車，行駛於釧網線的知床斜里－網走。

濕原號行駛於釧網線的釧路－塘路間。離開釧路後，列車先是渡過了釧路川，然後從車窗可看見以濕原為前景的阿寒連峰。回想半年前那遼闊濕原在冬天時白雪覆蓋的模樣，跟眼前夏天的感覺真是完全不同。

之後列車廣播會請大家留意那窗外新舊並列的「岩保木水門」，舊水門是在1931年為防洪水而興建，但是一次也沒開過，因此私底下被戲稱為不會開的水門。

列車在行駛中會有廣播的觀光導覽，不過是日語。如果想進一步了解，觀光單位很細心地安排了一位中文嚮導穿梭在列車間供海外遊客諮詢。

列車在11:09停靠釧路濕原站，大約步行10分鐘可到達細岡展望台，這是最有人氣的釧路濕原眺望點，除了可以看見蜿蜒的釧路川外，也因為交通是最方便的。要留意的是，去細岡展望台，從釧路濕原站走去還比較近，在細岡站下車反而不順。

Milly沒在這以展翅的丹頂鶴為造型的木造屋車站下車，是想不要再從遠處去看濕原，而想要改搭獨木舟。

只是途中發生了意想不到的狀況，行程延誤了，加上Milly根本就沒弄清楚在釧路川怎麼搭獨木舟遊覽濕原，計畫難免失敗。

11:25列車在細岡靠站，在此下車可沿著達古武木棧步道健行前往達古武沼。
列車離開細岡站，在到達塘路站之前是窗外景觀最精采的一段。
因為這時列車最接近釧路川，列車會放緩速度，讓大家可以更清楚瀏覽風景。
但即使如此，可以清楚看見U型川流的時間也不過才兩、三分鐘。

列車預計在11:40到達塘路車站，但即將到站前，卻突然緊急煞車。原來是一輛私人轎車差點誤闖平交道，為了處理這意外事故，列車停了將近10分鐘。
本來Milly預計要搭乘12:06的普通列車前往川湯溫泉站，這樣在塘路站可停留26分鐘。同時也計畫如果一下車就看見獨木舟碼頭，那就改變行程，直接搭獨木舟遊釧路川去。
但因為事故延誤了，出了小小的塘路車站也掌握不到哪裡可以乘坐獨木舟，於是只能在周邊小逛一下，就乖乖搭上也延誤時間在13:15發車前往川湯溫泉的列車。

之後Milly在大沼公園終於體驗了獨木舟，加上那天在塘路的觀察，知道了原來參

◨ 釧路濕原站

◖◕ 夏日濕原　　　◖◕ 冬日濕原

加獨木舟行程大多需事先預約，然後獨木舟俱樂部的人才會到車站接人。塘路車站附近有些飲食店似乎也接受臨時報名。最好的方式或許是住在車站邊的青年旅舍或旅館，步行或騎單車到塘路湖遊覽，然後預約一個兩小時的釧路川カヌーツーリング（釧路川獨木舟行程），從塘路區域出發，一直沿著川流到達細岡區域，途中除了可以看劍湖、本流、支流等河岸風光外，聽說有時還可以跟川邊的野生動物四目相對！光是看那行程，就以為是很棒的濕原遊覽節奏。

未完成獨木舟體驗，小有遺憾，在車站附近遊晃，發現這無人車站也有間咖啡屋「ノロッコ＆8001」，在咖啡屋買了份外帶飲料，沒多久就搭上列車。

◦ 川湯溫泉站是美味餐廳

從塘路站搭乘普通列車前往川湯溫泉站，不是要去洗溫泉，而是要在車站內喝咖啡吃午飯。
不過這條路線的列車也實在太不頻繁了，在川湯溫泉站要滯留到15:41才有列車前往夏季臨時站「原生花園」。如此在這裡就要停留兩個半多小時，有充分的時間吃頓悠閒的午餐和下午茶。

出了川湯溫泉站月台，幾乎毫不猶豫地往ORCHARD GRASS走去。其實可以不用這麼匆忙，畢竟這間很有西部客棧風的咖啡屋就在月台邊，甚至可以說，

● 無人車站裡的
ORCHARD GRASS餐廳

● 懷舊道具暖爐
● 懷舊道具彩繪玻璃窗

RCHARD GRASS就等於JR川湯溫泉站。

招牌上雖寫著SINCE 1936，其實該說1936年是這個車站完工的年份。

1930年，川湯溫泉站啟用（當時名為川湯溫泉站），然後在1936年翻新，完成現在的車站建築。ORCHARD GRASS則是在該站成為無人車站後的第二年1987年正式開張營業。

餐廳由原本的車站貴賓室和站員辦公室改裝而成，空間很大，天井很高。餐廳內部放著很多美式骨董和玩具收藏。然後有個窗口可以從車站外外帶這裡超人氣的霜淇淋，因此就有人暱稱這是「站員霜淇淋」。

通過這有些美式速食店風格的空間，裡頭是光線較為柔和的房間，會發出喀喀聲的木地板和彩繪玻璃窗都依然透露出原有的氣派，大大的木桌前套著白椅套的椅子看來也頗有歷史，似乎是將當初貴賓室的模樣很完整地保留了下來。

Milly很喜歡那在房間中央的暖爐，典雅的圖案很少見。

選了彩繪窗邊的大木桌坐下，那曾有不少皇族高官坐過的絨布椅子再次發出喀喀聲，還搖晃不穩，不過不知怎麼地，反而覺得很有味道，莫名獨自愉悅起來。

餐食最推薦的是花了很多時間燉煮的ビーフシチュー（燉牛肉），不過Milly是漢堡迷，於是點了980日圓的漢堡定食，端上時熱騰騰的還冒著湯氣。一吃，好吃！絕對是大餐廳的水準，甚至超越了某些大餐廳。

難怪這會是間口耳相傳、客人還開車專門前來品嘗的美食餐廳。

營業到18:00，不過店主在官網上有個很貼心的注解：如果因為班次的關係會略微晚到，甚至趕不上17:30的最後點餐時間，只要先打通電話，餐廳會盡量等你。很溫柔的服務對不對？

餐點附有沙拉和湯，但沒附飲料和甜點。心情愉悅下本來想繼續在此看看書翻翻雜誌，悠閒地喝杯咖啡吃個蛋糕，可是看見甜點單上寫著這裡的蛋糕都是由姊妹店suite de baraques café所提供，問過店員，發現蛋糕屋就在轉角，走路不過三分鐘，想想反正時間充裕，於是繼續散步去喝咖啡。

note ORCHARD GRASSオーチャードグラス

川上郡弟子屈町JR川湯溫泉駅内
10:00～18:00，週二休（7～9月無休）
http://www.h7.dion.ne.jp/~kawayu/

咖啡屋 suite de baraques café

suite de baraques café（スィート・ドゥ・バラック）在2005年6月開張。

也就是說，幾乎是ORCHARD GRASS開業20年後才開，跟本店是完全不同的明亮風格。如果真要形容，ORCHARD GRASS就像是個中年牛仔，suite de baraques café則像清秀少女。

suite de baraques在法文中指「長屋」，店名的靈感可能是咖啡屋的原址——舊國鐵員工宿舍。不知道是不是因為這個背景，推開木門進去這可愛的咖啡空間時，竟有些到朋友家作客的感覺。

咖啡屋不大，有一大部分還是開放的蛋糕甜點工房，在幾乎一個多小時的滯留時間中可以聞到一陣陣蛋糕出爐的香味。

店內已經有一個客人，正是從釧路一路都很有緣相遇的獨身旅行女子。

看來她是一下車就來到這裡，似乎已經吃過兩份茶點，好像還買了一大堆糕點和餅乾。不誇張，Milly甚至以為她把店內所有餅乾和點心都買光了，因為點心籃都呈現「完售」的狀態，偷偷瞄了一眼這正悠閒記著筆記和看書的女子，心想真是個怪怪的女生。雖說Milly自認也不是很正常，但比起這女子還是輸了一截。

Milly愉快地選了靠窗的長條木桌，點了咖啡配上可愛的草莓蛋糕捲。

只有一個女孩在招呼客人，同時也只有她一個人自在地做著蛋糕、烤著餅乾。

心裡難免會想著，這真是不錯的工作環境。一家在森林車站邊的蛋糕屋，一個女子每天可以愉快地烤著麵包和蛋糕。應該是很愉快的工作，至少看見女孩的姿態很悠閒又熟練，臉上也總是帶著微微的笑容。

店內不但有賣麵包和蛋糕，也販售當地職人的手創作品和LOHAS的相關書籍。

note suite de baraques cafe

川上郡弟子屈町川湯駅前1-1-18
9:30～17:00，週一、二定休

■ 咖啡屋充滿LOHAS精神，也賣當地的手創作品。

■ 快樂的蛋糕女孩做出的可愛蛋糕。

同時Milly的座位旁就有一座排滿雜誌的書架，上頭有很齊全的樂活主題雜誌。

就是這樣，在這些美好雜誌的陪伴下，Milly翻翻雜誌、喝喝咖啡、吃塊蛋糕、透過窗戶看看外面的野花、發發呆……用真的很slow的節奏，在這川湯溫泉站旁的小小咖啡屋內度過了悠閒寧靜的時光。

一小時後，Milly買了單，想利用一點時間到附近散步時，回頭一看，那女子還是一派悠閒地坐著，似乎比Milly更能享受一個人旅行的樂趣。

小小散步後去泡車站足湯時，又跟女子巧遇。

之後還跟Milly搭上同一班往網走的列車，只是Milly先在原生花園站下車，也就不能確認那女子的下一站是哪裡了。

一路上Milly跟她都沒試著要交談，甚至連眼神的交流都沒有。不過兩人似乎都默默意識到對方的存在，也似乎都默默地在觀察彼此的步調和路徑。旅途上這樣小小的邂逅，其實也正是另一種樂趣。

零下二十多度和夏日二十多度的回憶

當晚預約的民宿「艾莉絲花園」位於摩周湖車站附近，是間B&B英式民宿。因為不提供晚餐，Milly就想先在外面解決晚餐。

行程排得有些貪心，畢竟很多路線和美食都是季節限定。

像是釧網本線上的原生花園站，就只在5至10月才有停靠，因此這次就會想盡量排入行程中。計畫中是搭乘15:41往網走的列車，到達原生花園是16:51，然後再搭乘19:14列車回頭前往摩周站。

預計20:54到達摩周站，有點晚了，於是先在川湯溫泉站打電話給民宿主人，表示可能會晚些到達。

艾莉絲花園距離車站大約是3分鐘車程，本來想搭計程車過去，但是電話中的女主人非常親切，表示到時會到車站接Milly，聽到這樣的回覆真開心。

出發前大約搜尋了一下資料，知道在原生花園站和浜小清水站之間似乎有巴士接駁，因此有個備案，或許可以搭巴士到前面的車站用餐。另外看過地圖，這兩站之間有一條3.8公里的遊步道，必要時或許也可以走走看。

就是這樣，帶著滿腦子的腹案，搭上往原生花園站的列車。

至於為什麼要去原生花園站？

很直接的理由，因為這是臨時站，想去看看；再來則是因為從這車站出來就可以看

見整片沿著鄂霍次克海岸的原生花園，也就是所謂的「小清水原生花園」。
在2008年1月，Milly也搭乘過這條路線（詳見《日本大旅行》一書），那時是為了去這條路線上位於北浜站的咖啡屋「停車場」，當時大約是零下二十多度，沿線看去，窗外兩側盡是白雪，鄂霍次克海也是灰濛濛一片，在北風吹襲下波濤洶湧，充滿魄力。

夏天搭乘這路線，窗外先是開著花的綿延馬鈴薯田，在進入海岸路線後，鄂霍次克海在微弱的陽光顯得平穩也溫柔很多。同樣的路線在不同的季節裡透過車窗看去卻是完全不同的風貌，或許這就是鐵道旅行的魅力之一。
在到達原生花園站前，列車經過止別站，利用短暫的停靠時間拍下這無人車站屋頂上可愛的飛馬標誌。飛馬標誌是車站內餐廳「ラーメン喫茶・えきばしゃ」（拉麵、咖啡屋・駅馬車）的招牌。隔了6個月之後跟這車站再會，雖然只是隔著車窗的一瞥，不知怎麼心裡竟浮起了暖暖滋味。

◈ 原生花園臨時站賞野花

列車準時停在原生花園臨時站，是一座小小的木屋車站。車站似乎有攤位擺放著紀念品，今天卻不見，或許是非假日的關係。
雖說是座小小的無人車站，但小清水原生花園夾在濤沸湖和鄂霍次海克之間，卻是在觀光巴士的動線上，因此雖說放眼望去盡是一片荒涼，人車卻意外的很多。小小的車站旁有棟很顯眼的水泥建築，是觀光名產中心，車站前也有寬廣的停車場讓旅遊巴士停靠。

說到巴士，Milly先去站牌check一下班次，果然有巴士可以到浜小清水站。更開心的是發現還有一班巴士很接近知床斜里，如此行程又多了一個選擇。

在前往原生花園之前，Milly先被車站前那一片濕原給吸引，上前一看更是興奮起來，居然看見靠近濤沸湖畔有一群馬在吃草。
直覺那是野生的馬，立刻趨前觀察，只是距離還真是有些遠，濕原內的路況不明，不敢貿然前進，只是遠眺。
但可以看見這麼一大群馬兒以如此自然的姿態出現，已是很滿足。後來才知道原來那是湖畔「展望牧舍」的馬，6~10月牧場會以這樣自然的方式放牧。

看見馬群很興奮，至於行程重點的小清水原生花園，說句實話則有些失望。
本來從資料上看，這原生花園在三座車站間綿延長達8公里，在6至8月會開滿四十多種原生花園，其中金針花更會開滿整片原野。
可是實際所見，花朵開得很零星，完全沒有圖片上的氣勢。在遊步道散步了一下，也沒發現圖鑑上的鮮豔原生花。
「難道是花季已經過了？難道是盛開期已經過了？」心裡也只能這樣納悶著。
以景觀上來看，依著壯麗鄂霍次克海的原生花園也不是風景不好，只是或許才經驗過礼文島和旭岳那一望無際的高山花卉美景，比較起來不免失望。另外，那遊步道也很讓Milly困惑，明明根據現場的地圖，應該可以很順暢地走下去才是（Milly本來想一路走到浜小清水站或北浜站），但走著走著就沒路了，只剩下孤寂的沙灘。
看來似乎有些步道是設在外圍的，如果時間還早或天氣晴朗，或許可以冒險前進，但是天色漸漸暗去，又飄起了小雨，考量了一下，決定還是搭乘巴士。

 花開得有點稀稀落落的原生花園

去不去知床半島？

在邏輯上和Milly的計較心態上，當天使用的是JR北海道的Pass，那麼應該都是以搭乘鐵道為主才是，但有時配合天候和當時的情緒，也就管不了那麼多了。

搭乘17:33的巴士前往JR知床斜里車站，預計18:07到達之後搭乘19:36往摩周站的列車。這是原本要在原生花園站搭乘的19:13列車，多花了些巴士費，提早到達JR知床斜里站，爭取多一些用餐的悠閒時間也是不錯，至少比困在冷風微雨的原生花園好些。

JR知床斜里車站是前往世界遺產知床半島的出發點，遊客如果不是自己開車或參加旅行團，則幾乎都得在這裡的巴士總站搭巴士。

事實上，這次北海道旅行Milly也多次慎重估算過要不要去知床半島，畢竟這是北海道很重要的自然景觀區。後來沒排入行程，理由是以為這區域不適合搭大眾工具一個人前往，當然這裡還含有一些個人的主觀判斷。

多年前因為節目拍攝工作，的確去過知床半島，大致的印象是秋色中的知床五湖很美。可是那時是搭小巴外景車，活動範圍較大也較為機動，如果是搭大眾交通工具，行動就會有點受限。

首先，來往斜里、知床五湖、ウトロ溫泉和知床峠間的班次並不多，根據路線研判，似乎也不能看見寫真家照片中呈現的知床半島壯麗景觀和動物生態。

也盤算過或許可以住在ウトロ溫泉，然後搭乘觀光船從海面上觀看知床半島的自然景觀。觀光船大致有兩種行程：知床岬航路和硫黃山航路，只是查看了一些日本人的部落格，反應似乎一般般，而且費用小貴，知床岬航路約3小時45分，船票居然要6000日圓。

然後，最大的缺點是，這個區域找不到動心想去住宿的旅店。這裡的旅店大部分都是普通的大型觀光旅館。

結論是，應該還是會安排一次知床半島的旅程，但會留更充裕的時間，去住在大自然圍繞下的「知床岩尾別ユースホステル」（知床岩尾別青年旅舍），或是有風味的民宿，然後參加民宿安排的另類自然體驗，像是釣魚等。

不過畢竟JR知床斜里車站是重要的出發點，以為這樣一個重要的車站，周邊用餐空間的選擇應該較多。

果然Milly的推測是正確的，JR知床斜里站不但經過整修，變得光鮮又摩登，周邊也因應都會觀光客的需求，出現了一些風味餐廳。

知床斜里站本來稱為斜里站,為了強調這是前往知床半島的玄關,於是在1998年改稱為知床斜里站。現在的站舍附有光鮮候車室和觀光中心,是2008年才全面啟用的新建築。

車站旁有間看起來相對摩登的旅館ホテルグランティア知床,旅館斜對面則是嶄新的複合式飲食空間。

知床斜里站大啖螃蟹海膽

每一間看起來都還不錯,因為想喝點酒,於是挑選了「知床そば居酒屋 えん」,一間以提供地產蕎麥麵為賣點的居酒屋。

進入裝潢很新都會風格的店內,Milly點了杯白酒,配上很地方風味的章魚下酒菜,然後點了季節限定的海膽蕎麥麵,一吃真的是驚豔。

首先真是物超所值,1500日圓的海膽蕎麥冷麵,不但沾麵的醬汁中放著新鮮的海膽,另外還附上一盤新鮮甘甜的生海膽。

真是很美味,美味的原因很簡單,就是「旬」。7月是北海道海膽盛產期,真的是新鮮又濃郁甘甜,不必怎麼調理,帶著海水的適度鹹味已經是絕品。

美食入胃,心情大好,於是又加點了炭烤螃蟹和炭烤知床地雞。

淺酌著白酒,吃著用炭爐慢慢加熱的螃蟹和地雞,真有點美食小奢華的感覺。

現在的美食潮流講求地產地消,也就是當地新鮮的蔬果、家禽或海鮮,去除搬運的損耗,在當地餐廳調理,如此不但能品嘗到食物真正的風味,也包含著慢食中從產區直接進入餐廳的概念。

結帳下來,大約小小奢華地花了6000千日圓以上,享用了這以知床食材為主題的晚餐,一個多小時的JR知床斜里車站途中下車,算是很圓滿。

驚悚的夜行列車

19:36，心情愉快地搭上黑夜中的普通列車，前往摩周車站。

不過在搭乘這列車時卻有一些難忘的體驗，恐懼的體驗。

這班普通列車一個有三節車廂，可是一些夜歸的學生下車後，就只剩下Milly和另一名年輕女子，窗外一片漆黑，車內則是完全寂靜無聲，電燈莫名顯現著青白的光線，那種感覺很難形容，像是車子會開到很奇怪的目的地去。

更恐怖的是，年輕女子一直低垂著頭，臉色慘白。

有多慘白呢？慘白到連列車駕駛都很擔心，中途還趁停車的時間從駕駛座繞過來詢問：「妳還好嗎？沒事吧？是不是不舒服？」

年輕女子都只是微弱地笑著，小聲說：「我沒事，沒事！只是想睡覺。」

不過是晚上8點多，車廂怎麼會有這麼蒼涼的感覺呢？乘客怎麼會這麼少呢？可能是沿途有很多無人車站的緣故吧。

一個多小時的車程還真難捱，Milly忍不住不時回頭看看後面的車廂有沒有異狀，更不時窺看著那女子會不會有什麼變化，真有點驚悚片的氣氛。

終於列車到達了光線明亮的有人車站摩周站，一下車，在票口等著Milly的是帶著親切笑容、一頭白髮提著藤籃穿著圍裙的艾莉絲民宿女主人，瞬間感覺溫暖起來，不論是身體或心理，同時的。

note 知床そば居酒屋 えん

斜里郡斜里町港町
11:00～14:00，17:30～22:00，週一休

Madam Hiroko的艾莉絲花園位於距離摩周車站車程約3分鐘的地方，Madam Hiroko
可以說是弘子夫人、裕子夫人、寬子夫人……Milly沒特意詢問，就姑且在此稱她
為裕子夫人。

艾莉絲花園是英國鄉村風的B&B，只提供早餐，本來據說也有供應晚餐，但忙不過
來，就改成了現在的形式。

裕子夫人說部分住宿客人如果是白天會自行走路過去，大約不過20多分鐘，不過裕
子夫人很開心Milly能事先打電話過來告知到達時間，因為其實只要時間允許，她
很樂意接送，如此她也比較放心，不用在家裡乾等。

對於Milly來說，搭乘黑夜中的列車，一出車站能看見這樣像個可愛奶奶的主人帶
著笑容來迎接，只能說是單純的幸福。

車子開進花園內，剛好裕子夫人的先生帶著愛犬散步回來。

很可愛又活潑的黃金獵犬，在來之前就知道這民宿因為養了一隻很親近人的黃金獵
犬Alice，就以牠的名字來命名，看得出主人對這愛犬的疼愛。

本來以為這隻可愛的狗兒就是Alice，一問之下才知道這是新養的小狗，Alice已經因
病成為天使了，真是遺憾。

裕子夫人看見Milly這麼喜歡狗，就提議說如果第二天早上剛好遇見，或許可以一
起去散步。留著白色鬍鬚（似乎是退休醫生）的男主人很靦腆地笑著，輕輕點了點
頭。能跟這麼可愛的狗狗一起散步，當然太棒了！

心裡盤算一定要早早起床。

進入很英國風的屋內，裕子夫人先帶著Milly上樓放好行李，然後在客廳招呼著用
點心。是裕子夫人親手做的蛋糕，她笑咪咪看著Milly品嘗，還一邊說：「其實我
作了一整塊，如果還要吃請盡量說喔。」

是非常可愛的老夫人，從見面開始就感覺不到裕子夫人有多年經營民宿的老練，在
她的溫柔招呼下會有來到奶奶家玩耍的錯覺。

用過點心，裕子夫人大略介紹了一下浴池，居然是溫泉浴池呢，很有趣地裝潢成船
艙的模樣。外面還有露天風呂，裕子夫人建議Milly明天一大早可以試看看。時間
已晚，不好意思讓裕子夫人還為Milly張羅，就跟她要了壺開水，先行進房歇息。

住宿後才知道那天晚上Milly是唯一的客人，裕子夫人似乎也不是住在這大屋內，
而是在另一邊的房屋。

第二天一覺醒來，趁著晨光到處散步。昨天來時在黑暗中只是隱約覺得這房舍區域
很大，白天一看，何止是大，而是非常大。甚至會以為這裡根本應該叫作艾莉絲公

📷 上：民宿女主人

📷 左：艾莉絲花園從裡到外都
　　像家英國B&B

📷 民宿男主人以及愛犬

園，而非艾莉絲花園。

首先房間是很古典的英國鄉村風，正如裕子夫人所說，她企圖建構的是一家英國風味的鄉村旅店。屋內隨處放著一些骨董，房間整體也很歐風。有趣的是在裕子夫人很女性化的花草和古典杯具收藏中，也夾雜著不少男主人的戶外收藏，像是鹿角之類的狩獵收藏。

在艾莉絲花園廣大的腹地內，不斷可窺看到這樣對比的收藏。男主人收藏的是遊輪道具、船（真的是一條船，不誇張）、郵筒、野鴨會來避冬的水塘、大樹下的木椅休閒區等。

屬於裕子夫人的則是屋內的畫、各式花瓶茶具，以及在圍牆周邊、客人屋前和自宅屋前滿滿種植著的植物和花卉。

從Milly住宿的房子裕子夫人的自宅，繞過花園、木橋、池塘，要走個兩分多鐘可見多大。

隨處散步時剛好遇見散步回來的男主人和可愛地玩了一身泥的狗狗，男主人說小狗還很小很皮，不是那麼好控制，不好意思讓Milly牽著去散步。但建議Milly可以換雙好走的鞋子到附近去走走，不過十多分鐘的地方就有條溪流，風景不錯。聽從男主人的建議往溪流那端走去，不是很好走，必須穿過膝蓋以上的草叢才能前進，回程Milly還迷了路，因為找不到密密草叢中的小路。

循著著潺潺的溪流聲，果然看見一條清澈的溪流，真是很棒的自然風景，多麼幸福的狗狗，能有這麼好的散步路徑和遊戲環境。

某種觀點上，Milly是很矛盾的，雖然喜歡大自然，卻頗怕大自然內的其他居民。像是走在森林怕熊出沒，走在樹下怕蟲掉下來，走在草叢就怕蛇竄出，真是沒用。因此那天在溪邊散步本來該更悠閒，只是溪邊的草叢卻讓Milly吃盡苦頭，不但迷了路，也嚇出一些冷汗，逃命似地穿出草叢才安心下來，繼續真正悠閒地散步回愛麗絲花園，繼續悠閒地觀賞裕子夫人精心規畫的英國風花園。

裡面的花草配置頗歐風，不是日式庭園的風味。

的確是英國風沒錯，卻有些雜亂，按照裕子夫人的說法是「輸給了雜草」，無論怎樣每天整理，雜草還是不斷長出來。也難怪了，這麼大的花園，單靠自己一雙手的確很吃力。

走進屋內，廚房裡裕子夫人已經在準備早餐。

有趣的是裕子夫人本來希望7:30準時供應早餐，還認真算著時間，但是「沒控制好」，在7:20就全部弄好了，於是就很不好意思地請Milly先用餐，看見那未達成目

艾莉絲花園比許多小型社區
公園還要大

- 男主人的收藏
- 女主人的收藏
- 白給自足的民宿早餐

標的遺憾神情，真是令化不由得打從心裡笑出來。

早餐是有機自然風，一大盤青菜沙拉是自家田園一早摘採的、雞蛋是自家飼養的烏骨雞生的，還有自家製果醬。

慢慢品嘗有溫柔媽媽味道的早餐，這時裕子夫人很害羞地端出一盤草莓。說是自家田園今早摘採，模樣長得不好看也較小粒，但絕對是新鮮的。

裕子夫人真的不用這麼害羞，因為能吃到這麼新鮮的草莓，真正像草莓的草莓，對都會長大的人來說是幸福得不能再幸福的滋味呢。

真的是非常喜歡這位可愛的裕子夫人，離開前請她在花園讓Milly拍下照片，再請她幫Milly拍下照片，想要回去後合成為一張合照。

8:20帶著小包行李搭上裕子夫人的車前往摩周車站，準備搭乘站前8:55的觀光巴士，一路玩到釧路過夜。

本來裕子夫人還要陪著等車，Milly保證沒問題可以自己等車後，才帶著親切的笑容離去，轉彎時還不忘拉下車窗揮手說再見。

心裡想著或許下次可以在這間艾莉絲花園多住些時間，每天在周邊的屈斜湖、摩周湖、知床半島等地小旅行。

旅行中回去住宿地，有位這樣可愛的媽媽在等著你，不是很美好嗎？

note ペンションアリスガーデン

北海道川上郡弟子屈町泉3-13
www1.ocn.ne.jp/~alice-g/

trip 11

7/17

釧路。終於吃到釧路國寶老太太的燒烤

大移動中的道東三湖小旅行
・摩周湖
・硫黃山
・屈斜湖
・阿寒湖

吃進美食也吃進老奶奶的歷史

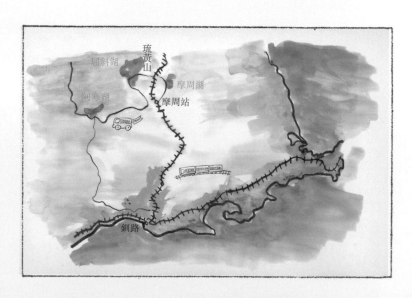

在長程旅行中，若每一天都很精彩豐富，自然是很棒的。
但如有一兩天只是普通，也可以接受。
本來在長程旅行中，節奏的安排也頗重要，偶而在固定的點放鬆一下，有時一整天
排得很振奮，有時或許只要一、兩個點滿足到即可。
這樣說起來的話，7月17日或許就是未必精采但必須存在的一日。

首先，這天最大的目的是從摩周站前往釧路車站。
雖然搭乘8:37的普通列車，10:07就可到達，但那天卻到下午6點多才到，因為一路
上都慢慢地搭乘觀光巴士遊覽。
記憶中，多年前（該有二十多年了）第一次在夏天的北海道旅行，就搭過從網走出
發的觀光巴士。那時的摩周湖非常美麗，極為透明的湖面有著藍寶石般的神祕色
澤。這回就想碰碰運氣，看看可否重溫多年前的美好回憶。
於是這天Milly規畫的是可遊覽摩周湖又能順線前往釧路的行程，也就是連接兩個
不同出發點的兩段觀光巴士。

8:55在摩周站搭乘從阿寒湖開出的觀光巴士知床ウトロ号，在9:10到達摩周湖第一
展望台，停留約30分鐘，之後還可以在硫黃山和屈斜湖途中下車觀光。
接下來這巴士會一路遊覽知床五湖。本來可以住在知床五湖周邊，第二天繼續遊覽
知床國家公園，但Milly是相反的路線，因此在中途的美幌峠下車，11:20接上從釧
路車開出的ニューピリカ号，之後再次遊覽硫黃山和屈斜湖，14:50到達阿寒湖畔
觀光30分鐘，最後在18:00到達釧路車站。

📷 大移動的出發點：摩周車站

這動線的優點是可以旅遊到摩周湖、硫黃山、屈斜湖和阿寒湖，最後到達釧路。缺點是必須重複遊硫黃山和屈斜湖，很傻很拙。

阿寒巴士網站上的定期觀光巴士路線很清楚標明，在美幌峠可以換乘巴士，只是費用的計算很奇怪：知床ウトロ号的一日行程是5000，摩周－美幌峠這段是1900，於是就會幻想中途轉搭ニューピリカ号，那麼，美幌峠－釧路的費用也會打折，結果小姐很認真地計算後，居然一毛沒減，依然是全額5500，問了一下理由，居然是「其實本來是不可以這樣轉乘的！」
那為什麼網站會有這樣的接駁建議呢？Milly還真是有點一頭霧水。
無論如何Milly就如此以邊走邊玩的方式前進釧路。

阿寒巴士的定期觀光巴士不能使用J-BUS全國巴士預約系統，必須自行上阿寒巴士email預約。

● 摩周湖

在邏輯上，摩周車站到摩周湖理應很近，但巴士班次卻很微妙地相當少，即使是夏日旺季一天也只有兩班。所以，如果不是自己駕車，個人遊覽摩周湖似乎還是搭定期觀光巴士比較方便。

這天起了濕冷的大霧，在路上就有心理準備這回是看不到摩周湖了。
到達摩周湖第一展望台，掌握時間抓到大霧覆蓋前的最後幾分鐘，之後就連湖面一個角落都看不見了，能驚鴻一瞥也算是滿足。
1966年一位名叫布施明的歌手唱了一首「霧の摩周湖」，從此霧氣似乎就成了摩周湖絕對的深刻印象，可見能看見沒有霧氣彌漫的摩周湖有多難。
甚至有個傳說，如果看見清澈的摩周湖，就不能飛黃騰達也不能結婚。回想一下當年跟Milly一起看到透明摩周湖的胡小姐，雖然晚婚，但也在42歲嫁給了溫柔的老公，Milly則依然單身，那……機率就是50%嘍。
有這樣的傳說，旅客到底是要不要期待看見寶石般清澈的摩周湖呢？微妙。

聽著風韻猶存的美麗車掌用哀怨歌聲唱著「霧的摩周湖」，巴士沿著山路離開了摩周湖區。以前看日本旅遊節目，常常可以看到車掌唱著該區的代表歌曲，這次算是利用不少這樣的一日觀光巴士，幾乎每個車掌也真的都會高唱一曲，不過唱得這麼哀怨還真是第一次。

■ 霧的摩周湖

■ 硫黃山

硫黃山

之後巴士路經川湯溫泉，到達硫黃山，停留20分鐘。

在這裡遇見相當多台灣觀光旅遊團，之後在屈斜湖停留15分也看見很多台灣觀光團，然後在大霧中的美幌峠名產店、旅途後段的阿寒湖溫泉區，也看見都很多台灣觀光客。

看來這樣的摩周湖－硫磺山－屈斜湖－美幌－阿寒湖，似乎是固定的觀光動線。

屈斜湖

依計畫從美幌峠繞回屈斜湖，在此停留45分鐘自由用餐。Milly買了蕎麥麵和北海道風的油炸馬鈴薯，飯後甜點則是牛奶霜淇淋。

在北海道到每一個觀光點都有不同口味的霜淇淋，威士忌啦，昆布啦，哈密瓜口味啦，並不是那麼愛吃霜淇淋，因此都快兩星期了，一個霜淇淋都沒吃過。來到這以砂湯著名的屈斜湖卻動了心，因為被那小池商店很囂張的看板給吸引住。

全日本第一好吃的霜淇淋！似乎很多藝人來拍攝時吃了都讚不絕口。

是傳統牛奶口味，嗯……很濃郁，口感綿密，真的很好吃。但是不是全日本第一好吃，沒吃過太多日本霜淇淋，不敢斷言就是了。

天氣不是很好，沿途都是陰雨綿綿或大霧彌漫，不能觀賞到視野良好時該有的壯麗景色，風景不能滿足就用味覺滿足，於是沿途上東吃西吃，烤玉米、炸馬鈴薯、溫泉蛋、霜淇淋，一肚子的回憶。

不以吃去記憶的東西也大驚小怪地拍下照片記錄，像是熊出沒注意拉麵、北海道限定大熊啤酒、100%白樺樹液、海豹罐頭咖哩等等。

在北海道旅行大驚小怪一下那千奇百怪的名產，是不可或缺的樂趣之一。

阿寒湖

這天行程最大的主題就是從摩周移動到釧路，然後途中回味一下之前遊覽過的所謂道東三湖——屈斜湖、摩周湖、阿寒湖。

回憶這東西很微妙，沒被觸動時就靜靜躺在湖底深處，一旦被喚起（可能是一個畫面或風景），很快地那記憶就會浮了上來。
當行程走到阿寒湖，過去的印象就如此不斷浮現，記憶和現實重疊著：湖畔的棧橋、觀光船、愛奴文化村、名產店前張牙虎爪的大黑熊標本、一棵棵圓滾滾裝在瓶子裡可以帶回家養育的毬藻，以及林立的木雕民藝店。
留連在一間間民藝店間，想找那款記憶中的貓頭鷹木雕。貓頭鷹是愛奴族的守護神，日文貓頭鷹唸為「ふくろう」，ふく是福的諧音，因此貓頭鷹也有帶來福分的吉祥意思。
只是對於Milly來說，貓頭鷹的木雕除了福氣之外，還多了一層小小的浪漫。

那年跟著攝影隊拍完愛奴民俗舞表演後，來到周邊的工藝店繼續拍攝，走進一間木雕民藝店，裡頭有個綁著馬尾的木雕師傅很酷很帥，認真雕刻的姿態更是迷人。大家稱讚他手藝精湛，他溫柔又靦腆地說可以送個小小的木雕給我們，Milly代表大家挑了一隻貓頭鷹，年輕的師傅還很認真地雕上了Milly的字樣。
年輕師傅的長相已經模糊，但獲得那溫馨禮物時的微醺幸福感，卻在來到阿寒湖時微妙地再次浮現出來。

■ 屈斜湖千奇百怪的名產

瀏覽著一間間木雕手工藝品店時，下意識端詳著每個師傅的臉，企圖找到那年輕師傅。Milly還自己在腦中電腦合成師傅十年後可能的模樣，只是誰都很像，也誰都不像。

現在想起來，出發之前剛好找到那遺忘多年的小小木雕貓頭鷹，或許正是這貓頭鷹帶給Milly幸福，讓旅途中多了絲絲幸福感的飄然情緒。

多年後再次重遊阿寒湖，不完全是為了重溫往日的記憶，也企圖去發現一些新據點。發現了一些民藝木雕屋會加入新的元素，像是以童話故事或動物的音樂會為題等等，還有那一隻隻小狐狸、小兔子、小豬也都俏皮逗趣。

另外還發現了位於湖畔的北海道憧憬旅館之一「あかん鶴雅別莊 鄙の座」，還有一間很時尚風格的麵包屋Pan De Pan。

Pan De Pan最大的特色就是紅，完全的紅。

店名、商標店內裝潢都紅通通，在已經露出陳舊疲態的商店街中是很耀眼的存在。

Pan De Pan號稱阿寒湖畔初次出現的麵包店，強調麵包是用阿寒百年水、100%海道小麥及阿寒湖新鮮的空氣為材料烘焙而成。

只是在這麵包屋喝下午茶時，Milly為了應景，點了有紅草莓的泡芙配上拿鐵。真是看的吃的都是紅色，跟當天昏沉沉的陰天產生大大的對比。

note Pan De Pan

阿寒湖温泉1丁目6番6号
8:00～19:00

阿寒湖 📷

📷 紅通通的麵包屋Pan De Pan

📷 阿寒湖的愛奴部落

結束了阿寒湖的行程，觀光巴士來到釧路車站。大部分乘客都是在中途的釧路機場下車，跟其中一個歐吉桑聊天時知道他們是去大雪山登山健行，回程在釧路車站一早搭上這班觀光巴士從釧路機場回東京，在離開北海道前充分善用了這將近十小時的道東三湖觀光。

釧路機場前最引人注目的是那一長排的租車店，看來在公共交通不是很便利的北海道，個人旅行除了參加這類觀光巴士的一日遊外，租車更是主流中的主流。

到達釧路車站，很不巧依然是陰雨天。要不是這次夜宿釧路最大的目的就是要去品嚐老國寶的炭烤料理，否則這麼大的雨會想就在旅館內的居酒屋用餐。

前兩次到達釧路都剛好碰到那號稱釧路爐邊燒的元祖店「炉ばた」公休，這天不是公休日，當然雨再大都要去。

推開拉門，進入有點歷史又不是很寬敞的昏暗店面，終於看見那在炭爐前默默炭烤的老國寶，真是難掩感動。十多年前看過某個日本旅遊節目介紹後，終於可以吃到老婆婆親自炭烤的料理。

感動之餘點了生啤酒，炭烤燒肉（心想可以吃到國寶老太太烤的燒肉多好，雖說這間老舖是以炭烤魚介類為主）、烤扇貝、烤秋刀魚、烤香菇和烤蘆筍。

在熏黑的店內邊吃邊看著煙霧中的老太太，不知怎地竟有種在看紀錄片的感覺，畢竟是創業五十多年的老舖。

可是吃著吃著，卻愈來愈不安，因為隔壁的男女一結帳，居然是一萬三千多日圓！沒看見兩人點了什麼，但開始擔心自己是不是進入了黑店。（胡說，胡說！）

老舖的所有菜單都沒有定價，連參考價目都沒有。於是Milly心中翻騰著，一會擔心會很貴一會又安撫自己能吃到國寶級老太太的爐邊燒料理，花點錢算什麼。

不習慣沒價目的餐廳，一向最怕「時價」兩個字。

好在！結帳後是4600。其他客人都是結伴前來，Milly等於是點了兩人份，真是幸福了味覺苦了褲頭，旅途結束難逃減肥宿命。

Milly觀察，大部分客人似乎都是來釧路觀光的外地人，畢竟是老舖中的老舖，又有堅守崗位的國寶級老太太擔當炭烤師傅，這已經不只是一間用餐的餐廳，儼然是釧路旅遊資源的一部分。

不過有件事倒是有點在意，就是老太太似乎有些累。當晚所見，老太太只是一個勁地烤著魚啊肉啦，臉上沒有笑容，也甚少看見她跟客人寒暄說話。

沒能看見節目中她那有如鄉下外婆般的親切笑容，希望她要多多保重身體才好，畢竟一直在高溫的炭爐前工作是很辛苦的。

note 炉ばた

釧路市栄町3-1
17:00～24:00，週日休
http://www.robata.cc/

函館. 函館美好咖啡屋散步路徑

鐵女失格

函館假期不拘泥大主題
- LA VISTA函館ベイ
- 迴轉壽司まるかつ水產
- 重溫金森紅倉庫群
- 元町散步路徑的預期與意外
- 完美風景café mountain BOOKs
- 和雜貨いろは
- 函館麵廚房～あじさい
- 自己完成自己的海鮮蓋飯

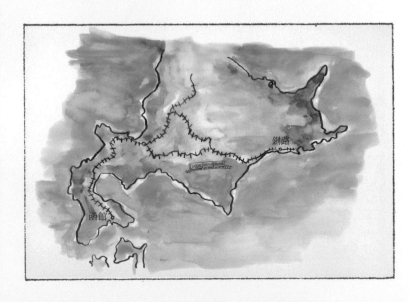

7月18日是北海道10天選4天周遊券的最後一日。

7月9日在札幌車站買了這張18000日圓周遊券，當日從札幌前往稚內，7月11從稚內前往旭川，之後7月16從帶廣經釧路前往摩周，7月18則是從釧路經札幌再前往函館，計算了一下，這樣10天選4天的周遊券還頗划算。

搭上6:32前往札幌的特急スーパーおおぞら，預計10:31到達，當天卻又出了些狀況，列車遲了將近3分鐘才到達札幌，因此就必須跑著從5號月台衝到8號月台，去搭乘那10:37前往函館的特急スーパー北斗列車。

氣咻咻地搭上這班特急時，Milly才想到應該冷靜一些，在知道列車會遲到時就提前在新札幌下車才對。

也就是說，這班列車10:22到達新札幌，而札幌前往函館的特急則是10:45到達新札幌，如此就有將近半小時可以在新札幌車站張羅午餐。

基本上，日本大型車站的時刻表都排得很緊密，像這樣不過遲個3分鐘就會錯過下班列車，所以有些乘客就忙著跟站員詢問補救辦法。

◼ 釧路往札幌的列車上販售的五星級水準三明治

好不容易上了車，奮力找到座位。停靠新札幌車站時上車的乘客很多，列車瞬間呈現超滿座，以這點看來，在札幌換車或許是正確的抉擇，否則沒有位置坐就不能吃火車便當了。

列車行駛不久，餐車小姐就到各車廂詢問要不要預訂1060日圓的老舖かなや大人氣「かにめし」（螃蟹便當），這便當不但要預約，還限量，並宣稱要等到12:40經過長万部站時才新鮮送上車。

之前在列車上已吃了釧路五星級飯店東急INN特製、在列車上販售的三明治，還配上研磨熱咖啡。三明治材料扎實豐富頗好吃，很有大飯店的架勢。另外在這裡要一提的是，目前在JR列車上販售的咖啡經過一番改良，水準頗高呢。

在接近下午一點早餐幾乎已經完全消化時，餐車小姐終於很辛苦地提著大包小包的便當開始發送。

打開了傳說中的限量便當，跟看過的照片一樣。

至於美不美味？只能說不是Milly喜歡的口味，有點失望，枉費還特別預約。

📷 列車上需要預約的螃蟹便當

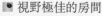
原本規畫是要以很舒緩的方式在函館待個三天慢慢玩，但事與願違，剛好碰到日本的連休和7月20日的煙火活動。18日還好，可以提早訂到理想的旅館，19和20日就簡直是一房難求，而且房價飆得很高。

於是Milly就小小改變了計畫，18日還是住宿函館，19日住宿在大沼公園。20日因為怎麼都想參與一下函館港夏日的煙火活動，就預約了不是很接近車站的商務旅館，方便當日的函館散策，也方便前往煙火的場地。

已經多次到過函館，因此這次的函館小旅行沒有很大的主題，只是希望能愉悅地重溫和隨意地發現。

LA VISTA函館ベイ

14:00到達函館，拖著行李慢慢走到距離車站15分鐘、位於金森紅倉庫群邊靠港口的LA VISTA函館ベイ（ラビスタ函館ベイ）。

雖然這旅館距車站有些小距離，但位置真是絕佳。

一進入旅館大廳，首先喜歡那寬敞以及和風古典風情，一進房間更是完全無條件地喜歡上。

以大正浪漫為主題的整體裝潢相當有特色，透過窗戶更可以完全看見港口和金森紅倉庫，視野真是太棒了。不光是這樣，床鋪也是面對大窗，如此一早起來就可以躺在床上觀賞港灣景色。

在房間東翻西翻，好奇著每一個角落的配置，之後去了頂樓的溫泉大

■ 視野極佳的房間

浴場「海峽の湯」，泡了洗塵小湯。

露天浴池可以看見整個海港，溫泉池的樣式也很豐富，有岩風呂、檜風呂、陶風呂、樽風呂。只是不知為何溫泉很像泥巴水，小小破壞了泡湯的優雅興致。不過休息區則是超讚，整排舒適座位都是面向遼闊海景，黃昏的風景一定極佳。

note **LA VISTA函館ベイ**

函館市豐川町12-6
http://www.hotespa.net/
hotels/lahakodate/

迴轉壽司まるかつ水產

泡了湯肚子又餓了，這時就更以為這旅館位置不錯，只要一出大廳走個30秒，就到對面仿照明治老街的複合式飲食區函館ベイ美食倶楽部。

在這裡幾乎可以吃到所有函館特色餐點，從函館拉麵到朝市海鮮蓋飯都有，另外也有北海道美食湯咖哩、成吉思汗烤羊肉。因為是新的飲食區，每家餐廳看起來都光鮮又舒適，但Milly一踏進函館就滿腦子烏賊烏賊烏賊，於是選了迴轉壽司店まるかつ水產去吃最新鮮的烏賊。

一坐下來，二話不說先點了兩份不同的烏賊壽司。說起來Milly也不是那麼喜歡烏賊壽司，只是都到了函館卻不吃有名的新鮮生烏賊似乎也太對不起函館了。

更何況北海道每年大約到了6月就會解禁可以開始捕烏賊，這時的烏賊尤其甜美新鮮，口感十足。

心滿意足地吃了函館名物真烏賊（真いか），開始點這家迴轉
壽司連鎖店的另一道招牌北海三好，就是海膽、鮭魚子和毛蟹
壽司各一貫的組合。

北海三好一送到眼前，就立刻想讚歎真是好漂亮，忍不住拍照
留念一番。

不論是賣相或味道，都不愧是四十多年鮮魚商店開設的迴轉壽
司屋。

在此小小建議，即使是在迴轉壽司店，如果可以還是用點餐，
由師傅現捏送上更是新鮮。現在日本有很多迴轉壽司店都會在
座位上放點餐單，不會說日文也可以用勾選來點。

note　まるかつ水産

函館市豊川町12-10 函館ベイ美食倶楽部
11:30～15:00, 16:30～22:00, 週三休
http://www.hakodate-factory.com/sushi/

重溫金森紅倉庫群

吃完了當天作為第三餐的迴轉壽司後,開始到函館碼頭周邊散步。

先到一旁的金森紅倉庫群和港邊,這應該是Milly最熟悉的地方,幾乎每次來函館都會到這裡逛逛,看看港灣。

也似乎唯有來到這港邊看了熟悉的寫著大大「森」字的一排紅倉庫,才會有來到函館的真實感。

這天港灣停了很多帆船,看見很多外國人在船上準備要啟航,大概是近日有帆船賽事。有了這些帆船的點綴,加上來來往往的外國船員,異國風情函館就更有異國風情了。

觀光客以港口為背景拍照留念時,都不約而同會往遠方山頂的纜車站張望。畢竟在山頂看夜景也是函館的一大觀光活動,只是函館的天氣多變,未必每晚都能看見寶石盒般精采的夜色。

只見山頂的纜車站一下子很清晰地出現在藍天下,一會工夫又被雲霧遮掩,攪得大家的心七上八下,不知道到底該不該上山去。

結果那天函館夜景的觀看度是零,因為當天起大霧,別說是夜景,幾乎連站在港口邊都看不見港灣。

霧中的港灣頗有風情,完全可以彌補未能上山看夜景的遺憾。

◉ 港邊的異國風情　　　　　　　　◉ 金森紅倉庫群

元町散步路徑的預期與意外

離開金森紅倉庫開始轉向元町區域，要去一間位於CHACHA坡上的咖啡屋café mountain BOOKs。

穿過電車道，經過八幡坂，按慣例一定要回頭拍一張從坡道望向港口的照片。

這時先右轉前往舊函館區公會堂，路上會經過一些可愛的雜貨屋、霜淇淋店和懷舊風情的茶屋。

其中很有風味的是菊泉和花かんろ。

菊泉是以酒商的別宅改建而成，賣的是聖代等冰品，蛋包飯也頗有名。

花かんろ也同樣是九十多年的大正時期舊屋，賣的也是甜品，不過較為和風。兩間茶屋的風味都很棒，但是目標已定就不想中途改變心意。

但說是這樣說，還是出現了小小的意外事件。

就是在離開舊函館區公會堂沿著石板路前往舊聖約翰教堂時，卻被一間很有風味的咖啡屋引誘了，中途小小變了節。

這間在花かんろ斜對面的小小雜貨咖啡屋，沒有明顯的招牌，只在像是普通民宅的斑駁圍牆上掛了個鮮黃小牌子，寫著「創意雜貨、咖啡」。

好奇地走上石階，探頭看那種了棵柿子老樹的小庭園，正想透過鮮黃暖簾看看裡面到底是怎麼回事時，突然一個年輕女子拉開門，說了聲歡迎光臨。這時轉身落跑也太沒禮貌了，於是就走進玄關，脫了鞋入內。

真有闖入民宅之感，整個空間幾乎沒多作修飾，正是普通住家的模樣。

 元町散步　　　　　　　　 茶屋菊泉

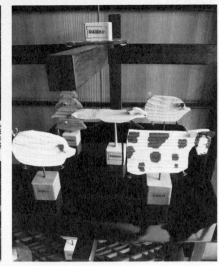

■ 左上：望向港口

■ 上：無名咖啡屋的創意雜貨

■ 左：茶屋花かんろ

■ 下：無名咖啡屋

只在客廳放了些看得出是獨立作家的手創雜貨和陶藝創作，靠近庭院的窗前空間則放了幾張桌椅，作為咖啡屋。

可能真的是沒有商業意識和企圖，或觀光客根本沒發現這是間咖啡屋，所以整個空間只有Milly一個人，而唯一的店員是那剛剛幫Milly開門的年輕女子。
點了杯有機咖啡，在不大的店內到處看。
是有點歷史的老屋，木地板都有些鬆動，走在上面發出喀喀的聲音。
雖說是有點計畫外地進入了一間咖啡屋，不過這樣憑著直覺的邂逅也挺不錯。實際上有機咖啡很道地好喝，空間也有能讓人放鬆的舒適。
只是比較擔心的是這間沒有店名、低調悠閒、在一般導覽地圖上又沒有標示的咖啡屋，會不會下次再來時已經沒了蹤影。

在年輕女子的親切送別下，Milly離開了這間咖啡屋，繼續往CHACHA坡散步。
這段路上一共有三座歐風教堂，分別是天主教元町教會、函館東方正教會、舊聖約翰教堂。
這裡是觀光客聚集的區域，CHACHA坡也有不少遊人來往著。
但或許是這坡道真的有些陡，不少人走到中途就放棄了。看到這樣的情景Milly不由得安心起來，因為這麼一來……那可以眺望整個元町區域和港灣的祕密基地或許就還沒太多人知道了（什麼心態）。

完美風景café mountain BOOKs

在《超完美！日本鐵道旅遊計畫》一書上，Milly提過一家位於CHACHA坡道盡頭的咖啡屋，裡頭的庭園咖啡座是鳥瞰函館的祕密地點，悲劇的是咖啡超難喝。每次來到函館，即使知道這裡的咖啡不好喝，但迷戀它的完美位置，即使咖啡再難喝也會點一杯當作入場券。

這回就想不要再喝那咖啡了，想去另外一間也在附近的新咖啡屋café mountain BOOKs，只是按照地圖走著走著，依然來到寫著CHACHA的建築物前，心想這不就是那家難喝咖啡屋？再看地圖，的確是café mountain BOOKs的位置。

● 爬上CHACHA坡前往俯瞰函
館的祕密據點

● 視野絕佳的café mountain
BOOKs

帶著懷疑進去一看，終於真相大白。

原來那間CHACHA咖啡屋已經改成Milly這次的主要目標café mountain BOOKs，至於為什麼房子還是掛著「CHACHA」，是因為面向花園的一樓空間是咖啡屋，其他的一樓和二樓空間就是「ガーダンハウスCHACHA」，是可以提供兩組客人住宿的公寓旅館。

café mountain BOOKs完全脫去原本CHACHA咖啡的印象，變身為會讓人想久留的舒適空間。

可以鳥瞰函館的露天花園依然存在，屋內原本很無趣沒個性的空間，現在以沉穩的原木為主調，放著木桌和骨董椅，中央和牆邊書架放了三百多冊二手書籍和雜誌，櫃檯邊更放了生活雜貨的販售展示區。

整個空間飄散著緩慢的氛圍，Milly也被這空氣感染著，放鬆心情坐在舒適沙發上，翻著雜誌發著呆。

真是愉悅的時光，至於咖啡有沒有變好喝，就還是一個謎。之前意外地在途中喝了杯咖啡，於是在這裡就點了咖啡店推荐的麥茶冰淇淋。不過以這甜點的水準來看，咖啡應該也已經大翻身變好喝了才是。

完美的視野，現在又加上完美的緩慢空間以及美味餐食。

重遊函館的第一日能體驗到這麼一間美好的咖啡屋，整個心情都愉快起來，散步的腳步也更加輕快。

> note café mountain BOOKs
> ───────────
> 函館市元町3-3ガーデンハウスチャチャ內
> 13:00～22:00, 週二休 | http://booklife.exblog.jp

● 和雜貨いろは

在暮色慢慢降臨時離開滯留了一個多小時的咖啡屋，從山坡上返回碼頭港區。

回程在末廣町看見一間很可愛的雜貨屋「和雜貨いろは」。

以1906年的獨棟日式民家建築改建的和風雜貨屋，擺放著各式各樣的和風以及歐風雜貨，裡面還有賣廚房道具和舊式的清掃道具。

穿梭在店內處處都是驚喜。

不過考慮行李的重量，只買了一張北海道手創人設計的和風手絹，其他就只能當場純欣賞了。

在回到旅館之前遇見了碼頭霧氣漸起的黃昏，整個畫面充滿著迷離，讓人驚歎不已，忍不住找了張長椅坐下，望著海面隨著霧氣和光影而變化的風景。

望著望著，不由得多滯留了些時間。

隨著夜幕漸漸低垂，霧氣越來越濃，天氣也開始冷得讓人打起哆嗦。

於是快快起身回到旅館，速速前往屋頂的大浴場去去身體裡的寒氣。大浴場的露天溫泉這時已是霧氣彌漫，如此明明是在十多樓的露天浴池裡舒服地泡著溫泉，卻有在深山幽谷泡祕湯的錯覺。

note 和雜貨いろは

函館市末広町14-2
10:00～19:00，無休（1～3月週一休）

■ 開業已有七十多年的連鎖拉麵店

函館麵廚房～あじさい

在旅館最高層的露天溫泉大浴場泡得暖呼呼後，繼續體驗美食
去。

同樣是到對面的函館ベイ美食倶楽部，選擇的是「函館麵廚
房～あじさい」。

函館拉麵是江戶時期由華僑引入的鹽味拉麵，後來經由當地人
改良，加入函館的海鮮食材，從此建立了跟札幌拉麵、旭川拉
麵並列的北海道系統拉麵。

這間是開業七十多年的連鎖拉麵店，湯頭採用較為清淡的雞骨
和豬骨，同時加上特選的昆布熬煮。

另一大特色則是這連鎖拉麵店加入了現代的時尚元素，每間分
店都裝潢得有如都會時尚咖啡屋，如此不單是男性拉麵通，獨
身女性也很容易進入用餐。

一進去，說真的也被那裝潢給嚇一跳，整體異常光鮮，完全不
是傳統拉麵店的模樣，牆上還掛著大螢幕播放運動賽事，很有
點酒吧的感覺。

Milly點了招牌的味彩鹽拉麵，味道較為清爽，叉燒也很好吃。
比較起來，會以為比旭川拉麵好吃，當然這純粹是個人口味。
滿足了函館拉麵，這一整天的咖啡和美食散步也暫告一段落。

note 函館麵厨房あじさい

函館市豐川町12-7函館ベイ美食倶楽部
11:00～22:00，•月第三個週四休
http://www.ajisai.tv

● 自己完成自己的海鮮蓋飯

這天一夜好眠，醒來同樣先去泡溫泉，用房間內頗有風味的咖啡道具泡了杯咖啡，透過大窗瀏覽港灣風景小歇後，以最佳的腸胃狀態盡情享用了充滿新鮮海鮮的旅館早餐。

若按照以往的慣例，離開函館之前的早餐都是到函館朝市食堂吃生魚海鮮蓋飯，畢竟都已經在海鮮美味的函館，早餐還吃咖啡麵包香腸就有點可惜。
這次因為之後會再回到函館，加上從旅館走到朝市食堂要十多分鐘，因此就改變主意，選擇在旅館的餐廳用餐。
還有一個很大的主因是，從check in到住宿，對這首次入宿的旅館非常滿意，對於這裡號稱可以自己動手做海鮮蓋飯的自助早餐，也相對期待了起來。
原本預約的是純住宿不含早餐，當日就改變主意，多付了1200日圓去享用這裡的「北之番屋」自助早餐。

自己在碗內放入煎蛋、烏賊、甜蝦，做出自己的生魚海鮮蓋飯，對自己的擺飾功力很滿意。不過美歸美，都還是全部吃進肚子裡去了。
一大早很振奮地花了一個多小時慢慢吃了這極為豐盛的海鮮早餐，滿足更是滿腹。

流山溫泉

大沼公園。大沼公園獨木舟初體驗

幕末浪漫列車前進大沼公園
- SL函館大沼號
- 大沼湖畔散策步道
- 湖畔餐廳Table de Rivage
- 甜點老舖沼の家
- 設計風流山溫泉

極致慢遊的獨木舟初體驗
- 小沼湖畔親切的邂逅
- 美式Cottage Hotel Crawford Inn Onuma

大沼
小沼　　大沼公園站
函館

一早往函館車站出發,準備搭乘9:52的SL函館大沼號列車。
路經車站邊函館朝市,例行拍拍那些看起來很美味的螃蟹。
很有趣地看到這裡的店家除了會讓比較可能購買的客人試吃螃蟹外,也會讓遊客拿著大大的帝王蟹拍照留念。Milly一副不像是會買帝王蟹的模樣,因此也就無緣跟螃蟹兄弟合影留念,扼腕!
一向以來Milly最喜歡的異國風景之一就是傳統市場,那排列著豐盛漁獲、蔬果的模樣,不論是在泰國、香港、巴黎、柏林,都是充滿魅力。
雖然全新翻修的函館朝市少了很多當初的人情風貌,有些遺憾,但看著那鮮活的烏賊、堆積的玉米、貴氣的哈密瓜、自傲標明品牌的北海道馬鈴薯、鮮紅豐盛排列的螃蟹,心情還是很愉悅亢奮。

依依不捨地離開活力洋溢的函館朝市,往車站走去,這時又開心地發現一輛外型可愛的觀光巴士停在站前巴士月台區。
趨前一看,原來是觀光巴士函館浪漫號,要搭乘這宮崎駿動漫畫懷舊造型的巴士,可以留意巴士網站上的時刻表,在4/28~5/6、7/1~9/30是每天10:00和13:00從函館車站前出發,繞行路線是函館駅前-赤レンガ倉庫群-高田屋嘉兵衛像-元町散策-明治館-函館駅前,採取預約制,旺季最好先預約。不過如果當天出發前沒有滿席,也可以現場報名,費用大人是2000日圓。
在上面提到的時期之外,函館浪漫號就只在週六日和假日行駛。

◙ 函館朝市　　　　　　　　　　　　　　　　　　◙ 函館浪漫號

SL函館大沼號

即使是同一條路線，搭乘不同的交通工具就有不同的樂趣。就像是已經不曉得有多少次從函館前往札幌時路經大沼公園站，這天要搭乘同樣路段的JR函館本線，心情還是有如假日郊遊。原因無他，這次要搭乘的是SL函館大沼號。

SL函館大沼號從函館車站出發，終點站是森，全程約80分鐘。

2008年夏季的行駛狀況是7/19~8/3的週六日和假日以及8/9~17的每天。為了怕當日沒座位，在到達北海道前就先預約了這班列車。

到達月台時，SL函館大沼號已經停靠在月台，讓大家合影拍照。

觀光列車的主題是「異國風情和幕末浪漫」，火車頭前還有一位穿著低領蓬裙撐著蕾絲傘裝扮得有如美國西部片的女子，很親切地跟大家合照。本來還以為是哪個超級投入的鐵道女子以此造型搶鏡演出，上了車才知道她是車掌。

這班列車的台灣自由行旅人真是多，大約算了一下，光是在Milly搭乘的車廂就有十多個人講中文，厲害！

SL函館大沼號是全車指定席，乘車券330日圓，指定席料金是800日圓。就是說，如果平日搭乘普通列車從函館前往大沼公園，車票只要330日圓，但搭乘SL函館大沼號則是1130日圓。不過如能體驗這季節限定的話題蒸汽列車，應該沒人會計較那800日圓才是。

乘車之前Milly先去探看了駕駛座和以煤炭為燃料熊熊燃燒的機關車車頭。

進入車內也好奇地參觀著各車廂不同的模樣，其中兩個車廂坐滿了小學生。坐蒸汽火車去郊遊真是愉快的主題，只是不曉得是不是錯覺，小朋友大多顯得意興闌珊，或許比起這樣懷舊的列車，搭乘麵包超人列車或旭山動物園號他們可能更開心些。

雖然Milly這次興沖沖地搭乘了這話題蒸汽列車，但其實若可能的話，「鑑賞」這蒸汽火車的最佳方式，或許還是在路上看著列車冒著白煙緩緩駛過的雄姿。畢竟坐在車內，除了感受座椅、內裝和車掌服裝的懷舊情緒外，跟搭乘一般列車的情緒大致是相同的，除了那汽笛聲、從車窗偶然看見的煙霧以及聞到煙味外，沒有太多坐在蒸汽火車上的實感。

只是拿著相機在路上等待蒸汽火車通過的鐵道迷毅力，Milly依然不夠。

大沼湖畔散策步道

大沼湖區統稱為「大沼國定公園」，區內以秀峰和駒ヶ岳環繞著的三座湖泊，分別是大沼、小沼、蓴菜（じゅんさい）沼。

至於遊湖方式，近期最熱門的是租單車沿著湖畔騎，傳統方式則是搭乘觀光船或租條船自己划。

Milly一度想租一條木船，但對自己的划船技術毫無信心。之後甚至想，不如租一條天鵝船去遊湖，不過一個女子孤獨踩著天鵝船前進，那畫面實在太淒涼，沒勇氣去面對其他遊客的眼光，於是放棄。

如此一來，不會騎單車的Milly就只剩下一個選擇：沿著湖畔的四條散策步道大島之路、森林小徑、夕日的小沼道以及島之巡禮路徑隨性散步。

如果時間充裕，這樣的散步道其實很推荐，踏過一座座橋梁穿梭在各島嶼的林木之間，從不同角度眺望遠方的小島群，看著小沼澤裡的水生植物和野鴨天鵝，聽著鳥鳴聲，偶而彎身看著大樹下小小的可愛植物。自己調整節奏，也可完全遠離湖畔碼頭區喧嘩的觀光客人潮。

湖畔餐廳Table de Rivage

在大沼公園湖畔的湖月橋旁有間很有風味的歐風餐廳Table de Rivage（ターブル・ドゥ・リバージュ），可以邊看著湖畔風光邊悠閒用餐。本來的確也打算在此吃個優雅的午餐，只是早上豐富的自助早餐飽足感還很強烈，沒能用餐，只在餐廳戶外草地露天座喝了杯咖啡，就又繼續沿著湖畔走回大沼公園站。

天氣好的時候，餐廳會將餐桌移到一個有如船般可以移動的平台上，讓客人有在船上用餐的感覺。

note Table de Rivage

亀田郡七飯町字大沼町141
11:00～19:00，週二休 | http://www.gengoro.jp/rivage.html

甜點老舖沼の家

在站前創業百年號稱「元祖 大沼だんご」的沼の家，買了小盒裝370日圓的二色だんご（兩色糯米丸子）當午餐兼點心。

所謂兩色，就是紅豆泥加醬油味或芝麻泥加醬油味，Milly買的是紅豆泥加醬油味

的，一甜一鹹，放在木盒中有點像便當。據說這糯米丸子的擺放比例是有道理的，原來是想模仿大沼湖和小沼湖的姿態，而糯米丸子沒用竹籤串起，則是想表現出小島在湖面上零星分布的模樣。

糯米丸子很Q，挺好吃的。二色だんご是這大沼公園區的名產，日本遊客都會買一份現場吃，此外還會大包小包買一堆當伴手禮。

note 沼の家

亀田郡七飯町字大沼町145
8:00～18:00

● 設計風流山溫泉

用餐過後離獨木舟行程還有些時間，就搭乘了站前13:00發車的免費接駁車前往流山溫泉純泡湯去，車程約15分鐘。

另外流山溫泉還推出計程車服務套餐，4個人從大沼公園車站前搭計程車，純泡湯加上接送只要付3600日圓，聽起來頗划算，因為光是在這號稱是放浪雕刻家「流

政之」作品所圍繞的流山溫泉泡湯，一個人就要800日圓。

不過很有意思的是，在購買泡湯券時，服務人員問了Milly是不是クロフォード・イン大沼的住客，Milly回答是，泡湯券就從800變成400，雖知道這旅館跟溫泉有合作優惠，但這樣隨口詢問也行得通，倒是很意外。

流山溫泉非常廣大，有露營場地、槌球場、向日葵觀光花田、戶外雕塑展示花園、蕎麥麵餐廳、流政之設計的溫泉，甚至還有一座鐵道主題公園停放著一輛新幹線。建築真的很有特色，但浴池已經有點殘舊，溫泉也是那種泥巴味的硫酸鹽泉質，Milly並不是很喜歡。

不過反過來說，正因設施有點殘舊，那幾乎沒有一個置物櫃是可以使用的脫衣區，意外地在昏黃的光影下呈現著很微妙的後現代美感，一旁的餐廳「停車場」也意外地呈現出慵懶的頹廢風，換個角度看就有不同的感受。

note 流山溫泉

龜田郡七飯町東大沼294番
http://www.jr-shop.hakodate.jp/nagareyama/

這次在大沼湖體驗的是兩個小時遊湖之旅，費用3500日圓，是適合初學者的行程。旅館也可以幫忙預約晨間或看星空的獨木舟旅行，另外如果時間充分，又有些獨木舟經驗，還可以報名參加約5小時的大沼湖和小沼湖橫斷行程。

要預約類似的遊湖行程，其實也可以透過站前的旅遊服務中心或直接打電話給獨木舟俱樂部，但如果是海外遊客又是住在周邊旅店的話，就會建議透過旅館的櫃檯，較為方便。獨木舟俱樂部會派車子到旅館接人。

另外，Crawford inn Onuma提供的預約服務，還有下次來到大沼湖一定想去體驗的騎馬遊覽秀峰·駒ヶ岳，不過費用就相對高些，最基本的90分鐘行程大約要10500日圓，更過癮的3小時就要21000。

在冬季更可以預約輕便雪橇的雪地散步，或在結冰的湖面上鑽洞釣魚。

獨木舟俱樂部的小巴接了Milly之後，在車站接了另一個單身遊客，據後來的談話觀察，這位很有宅男氣質的東京上班族也是鐵道迷，一有假期就會坐火車到處玩，前次在北海道鐵道旅行時偶然的體驗下迷上了獨木舟，所以這次預約了這趟獨木舟行程，在離去時還又預約了下次的5小時行程。

完全能體會那上癮的感覺，因為這次短短的2小時經驗也讓Milly完全上癮了。下回只要有機會就一定會利用獨木舟遊覽，以為這真是一種極致的慢遊。

教練先簡單教導了控制獨木舟的方法，然後在同船教練熟練掌控下，獨木舟緩緩前進，穿過湖畔的蘆葦，往湖心划去。

除了時而傳來的鳥鳴外，微風輕拂下四周是完全的寧靜，沒有車聲沒有人聲，只有船槳划過湖面的規律聲音。

在教練的引導下，Milly划著船槳穿過水生植物繁殖區，很貼近地看著在湖面下的黃色小花，然後教練更在Milly的慫恿下讓獨木舟不斷穿過湖畔低垂的樹枝，很有叢林探險的樂趣，非常過癮。

之後獨木舟在較平緩的岸邊停留了二十多分鐘，兩位年輕教練熟練地拿出露營用的咖啡道具，煮著咖啡來段悠閒的短暫聊天時間。

據說如果運氣好，還可以在湖畔看見野鹿經過，不過機率不大就是了。

有時甚至還能看到水蛇滑過。

春天湖畔的幾株櫻花會盛開，秋日時節沿湖的植物會染上多彩的顏色，最重要的是，天氣好時可以看見駒ヶ岳倒映在鏡面般湖面上的絕景。

可惜這天是陰天，雖說是很悠然，駒ヶ岳卻從頭到尾都藏在雲霧中未能窺見。

短暫歇息後，獨木舟穿過湖心，往湖上的無人小島前進。

這幾乎只能容納十多人的迷你無人島上裝設了一個搖床，可以躺上去放鬆一下。

Milly好奇地問，如果沒客人，教練會不會划船來這睡個午覺？

答案不是那麼浪漫，兩個教練都說有時間寧願在房間裡看電視聽音樂。想來也是，
每天都在划獨木舟，不划獨木舟時可能才是他們的悠閒時光。

兩個小時的獨木舟，緩慢卻也很快地結束了。

非常愉快的體驗，有此經驗後，下個目標就是絕對要試試以獨木舟遊覽釧路濕原。

愉悅的大沼湖獨木舟體驗結束，回到寄放隨身物品的小屋，這時看見了一臉鬍鬚的
老闆ヒゲさん（暱稱鬍子大哥）正在一旁跟老外員工一起努力生著柴火。再仔細一
看，啊！原來是在燒那戶外鐵桶浴的熱水。Milly好奇詢問時，ヒゲさん還熱心的
提議，如果願意可以體驗這戶外露天鐵桶泡澡喔。

雖說那放在彷彿祕密基地樹屋上的鐵桶有用一些木簾遮掩，不過還是太豪邁了。

---

note **Exander Onuma CANOE House（イクサンダー大沼カヌーハウス）**

由17年獨木舟經驗的ヒゲさん領軍，有興趣的人可以上那頗豐富的網站瞧瞧。
http://www.exander.net/

● 小沼湖畔親切的邂逅

回到旅館，在晚餐之前繼續愉快地在周邊的小沼湖畔散步。

在湖畔的民宿前發現了一群野花，像百合又不是百合的模樣非常有意思。正在除草

的主人看見Milly熱心拍著那花，於是也很熱心地介紹這花的學名和生態，只是深奧的日文學名記不下來，倒是俗名「阿婆的假牙」讓人印象深刻。

原來這花要等葉片都枯萎後才會開花，就像牙齒掉光的阿婆裝上的假牙。

這間民宿就在小沼湖入口，非常清新的模樣，老闆看起來人也不錯，下回或許可以捨棄豪華旅館，住在這湖畔民宿，或許另有風味。

大沼國定公園區域有非常豐富的自然景觀和生態，不同季節有不同的風貌可以體驗，更可以參與各式自然觀察。會以為這裡的魅力絕非那短暫停留匆匆往返的觀光團行程可以體驗。

其實這次Milly還錯失了更深入觀察大沼公園區的機會，原來就在旅館道路入口處有一間非常樸實的木屋，Milly在前往獨木舟體驗之前去探訪了一下。

看板寫著「大沼自然ふれあいセンター」，可以免費進入觀看公園區內動植物生態解說和標本。旁邊還有一個令人一見鍾情的野鳥區，在大樹間架了鳥巢讓野鳥棲息覓食。

這些鳥巢搭建得非常有風味，絲毫沒有人工氣息，充分跟大自然融為一體，還有些動漫場景的感覺，很棒！

不單單是這裡有供野鳥棲息的鳥窩，在公園散步的路徑上也時常看見樹上架著木製鳥窩，住宿的旅館戶外陽台上也架設有野鳥木屋，更提供望遠鏡和野鳥圖鑑讓大家觀察野鳥。

美式Cottage Hotel Crawford Inn Onuma

這次選擇住宿Hotel Crawford Inn Onuma，多少受到JR北海道觀光宣傳海報的影響，大沼國定公園加上SL函館大沼號加上Hotel Crawford Inn Onuma，一個完整的度假套餐。

這樣的建議行程印成海報貼在北海道各大小車站以及列車上，Milly很難不覺得自己其實做了一個明智的選擇。

Hotel Crawford Inn Onuma的外觀和內裝都像美式鄉村度假Cottage，Milly雖然沒在美國住過這樣的度假旅館，但還是直覺地以為味道總是差了一些。即使大廳有吊燈、火爐、狩獵的動物標本、通往房間的雙旋梯，所有元素都企圖營造出美式鄉村度假旅館的風味。

不去計較這到底有沒有充分表現出美式Cottage的感覺，光是坐落在車站邊的便利性、周邊自然景觀的豐富、房間裝潢的典雅、空間的寬敞舒適、提供多樣戶外活動體驗選擇，以及可以享用自然美味的餐食等特色，便不失為適合度假的住宿選擇。價位也還算合理，當日是連休假期，預約雙人房含早餐大約也只要9000日圓。

本來Milly的計畫是想在大沼公園車站周邊找間餐廳享用晚餐。

但因房間頗舒服，一整天的散步和戶外體驗後也有些不想外出，於是臨時預約了當晚旅館餐廳的晚餐，沒想到預約很滿，只預約到第二輪的用餐時間。

原來這餐廳的料理長北野望小有名氣，很多人是特別為他而來的。

大廳的美式度假別墅風格

雙人房含早餐的住宿費9125日圓

前菜是函館噴火灣捕獲的海鮮、濃湯是駒ケ岳谷　農園栽種的南瓜，還有森町產和牛菲力牛排，都能吃出食材本身的美味。
份量剛好，口味清淡，女生吃起來不會有過多負擔。

Milly更愛的是早餐，不但提供著香噴噴剛出爐的麵包，更可以無限暢飲那大沼國定公園山川牧場生產的自然牛乳。
冰鎮的山川牛乳濃郁香甜，非常美味，在這加工食品充斥、偽造成份頻傳的時候，能喝到一大早從牧場直送的鮮奶，真是在北海道才有的幸福。

用完豐富健康的早餐，在微雨中散了一下步，便準備返回函館。
這回在大沼公園裡的兩天一夜度假小旅行，含早餐的住宿費是9125日圓，小小奢華的晚餐套餐4500日圓，旅館代為預約的獨木舟2小時遊湖行程3500日圓，加上稅金、服務費，結帳是16225日圓。
雖說有些小超支，但滯留期間悠閒又愉悅，就以為很值得。

note Hotel Crawford Inn Onuma（クロフォード・イン大沼）

亀田郡七飯町字大沼85-9
http://crawford.jp/

■ 名料理長北野望的晚餐　　　　　　　　■ 早餐有牧場直送、無限暢飲的鮮奶

函館。函館市電途中下車小旅行

五稜郭區域散步路徑
- ・旅館ドーミーイン函館五稜郭
- ・純白五稜郭Tower
- ・咖啡屋Pibrey
- ・旅途中闖入一間日常的圖書館
- ・函太郎迴轉壽司
- ・玫瑰咖啡屋夏井珈琲Brucke

外國人墓地區遊晃中的隨興小發現
- ・大眾澡堂大正湯
- ・太刀川家住宅、店鋪
- ・繪本咖啡館 Café harujon himejon
- ・電車箱館摩登號

乾杯！夏日函館煙火盛會

旅行後段的一個人行程會議

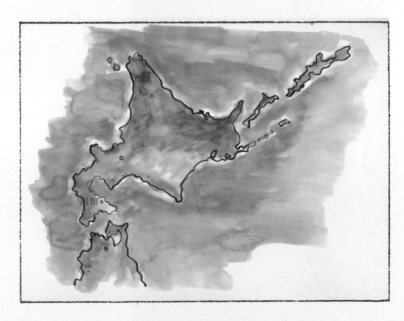

函館.

搭乘普通列車回到函館，在站前商店街搭乘函館路面電車，在電車上跟女車掌買了一張600日圓的函館市電一日乘車券，計畫在當晚函館煙火大會之前來個函館電車途中下車一日市區散步小旅行。

除了第一次外，幾乎來到函館都沒再買過這一日券，因為大多住在車站周邊，函館朝市、金森倉庫和主要遊覽區都在步行範圍內，以為不用候車反而節省時間。

這次則由於晚間煙火大會的關係，車站周邊的旅館全數客滿，被迫住到離車站較遠的五稜郭區域，從車站搭乘電車前往大約要15分鐘，車費220日圓，顯然買張一日券會划算得多。

住在不同區域，又買了一日券，自然散步遊晃的區域也延伸開來。

函館的海外遊客非常多，因此不但在各電車站都有清楚的各國語言說明，電車上更有「手指溝通板」，不會日文但想要買一日券或想換零錢，只要用手一指，司機就會知道你的意思，真是貼心的觀光服務。

電車站周邊的觀光地，沿路有清楚的路標，連Milly這樣的路痴也不會迷路。

函館市電是路面電車，一共有兩條線路穿梭於函館的主要街道。

一條是「川の湯－函館站前－十字街－函館どつく前」，一條是「川の湯－函館站前－十字街－谷地頭」。

搭乘一趟，依照路程約200~250日圓，市電一日乘車券600日圓。

可在JR函館車站內的觀光服務處購買，旅館櫃檯或車上也有販售。

一日乘車券會附上觀光地圖，可以此對照來散步。

另外還有市內巴士加上電車的一日乘車券和二日乘車券，可以搭乘巴士前往近郊的修道院等觀光點。

旅館ドーミーイン函館五稜郭

搭乘電車，前往當晚住宿的旅館，在「五稜郭公園前電停」下車，走路過去約3分鐘。

商務旅館ドーミーイン函館五稜郭（dormy inn），外觀雖說不是很光鮮，房間倒是意外地清爽大方，尤其床鋪很好睡，單人房一晚5700日圓，算是經濟實惠的住宿選擇。

旅館鄰近函館的主要觀光點五稜郭，於是這天的途中下車就從五稜郭開始。

> note ドーミーイン函館五稜郭
>
> 函館市本町29-26
> http://www.hotespa.net/hotels/goryoukaku/

純白五稜郭Tower

五稜郭最基本的觀光方式是搭乘昇降機，到達塔頂在高處俯看五稜郭城區，如此才能看出那很特別像是星型或是五個花瓣的形狀。

在櫻花季這裡絕對是人山人海，大家會爭相來此，登高觀看那環繞在城郭四周的粉紅櫻花。

2006年4月全新登場的五稜郭Tower非常高，也很有特色，遠看就像是飄浮在天際的飛碟。

原本的五稜郭Tower高60公尺，新的則有107公尺，不過Milly對於高處興趣不大，甚至有些懼高症，因此雖然登高看五稜郭的星形城廓是基本行程，Milly卻還是對Tower內的植物、咖啡屋、賣店和空間比較有興趣。

■ 具癒療效果的北方兔子

■ 清一色純白的五稜郭Tower

一樓是純白的空間，由鋼架和透光玻璃圍繞著，恍如超大型玻璃花房或室內植物園。

那天是陽光大好的日子，陽光從四面八方射入，異常明亮，雖然輪不到Milly評論，但以為在日本各大觀光區中，這規畫算是很有品味的。

在一樓紀念品區除了有跟五稜郭相關的新選組、土方歲三等周邊商品外，還有很多北海道獨創的雜貨和手創作品。

PS：土方歲三的周邊商品中，有一個名字很恐怖的「土方歲三の血」，不過說穿了就是紅酒而已。

館內雜貨紀念品中，一眼看去就一見鍾情的是北海道當地的雜貨系列「KITAUSAGI北うさぎ」，北方兔子。創造出這可愛又相親相愛兔子系列的女生，是在函館周邊松前市出身的成田粹子。

兔子造型很簡單，卻意外地有癒療功能。

本來這北うさぎ是以手工藝品為主，現在卻從文具用品、廚房道具到家居雜貨一應俱全。餐具系列幾乎都是純白的，或許是這樣，所以完全融入了這以純白為主色的五稜郭Tower。

真的是一個非常純白的空間，不論是鋼架、地板、花壇、通往二樓用餐區的階梯、休憩空間的桌椅，都是清一色純淨的白。

能這樣用純白來規畫一個每天有大量人潮進出的觀光空間，可能也只有潔癖又偏執的日本民族才能做到吧。

咖啡屋Pibrey

離開了五稜郭Tower，隨性在周邊散散步。首先看見的是建築頗具特色的道立美術館和藝術Hall，之後沿著城渠邊的櫻花步道走著。

非常茂密的櫻花林，可以想見櫻花盛開時會是多麼繽紛。

暫時從櫻花林道穿出後，位於市立中央圖書館斜對角有間獨棟洋風建築，靠近一看，是咖啡屋Pibrey。

Pibrey的特色是停車場很大、早上7點就開始營業、緊鄰著五稜郭的櫻花步道，另外就是有絕佳的寬廣露台面對五稜郭。

雖說之後已經有要前往探訪的咖啡屋，但心中卻也不由得預

約了一個屬於這咖啡屋的畫面，就是櫻花季時一早在這咖啡
屋的露台享用幸福早餐，那該是多愜意的事。

note Pibrey（ピーベリー）
───────────────
函館市五稜郭町27-8
7:00～22:00，無休
http://www5f.biglobe.ne.jp/～pibrey/

旅途中闖入一間日常的圖書館

這咖啡屋的位置還有一個很棒的優勢，就是位於市立中央圖書館
的對面。

經過市立中央圖書館時，先是被那花園裡的藍色繡球花給吸引，
忍不住停下腳步，之後好奇地進去，一看更是不由得想多停留些
時間。

館外的公共空間有小巧可愛的有機餐廳，可以內用或外帶。如果
是外帶的話，可在中庭草地的木椅上享用，感覺似乎不壞。

圖書館內部則是高又寬廣，閱讀空間極佳，有很舒服的沙發和寬
大的閱讀桌，開放書架上除了各式書籍還有相當豐富的休閒雜
誌。愛看雜誌的Milly自然不會錯過，選了個有植物相陪的沙發
座，拿了幾本雜誌就閱讀了起來。

雖說完全不是在觀光動線上，導覽書也不會標明這個點，但像這
樣隨性地發現一間即使是外地遊客也可以進入的閱覽空間，是旅
行中的意外樂趣。

左：Pibrey咖啡屋
下一：函太郎迴轉壽司
下二：中央圖書館

函太郎迴轉壽司

在陽光充沛的圖書館內翻閱著雜誌，不由得拖了些時間，這時肚子有些小餓起來，就去旁邊的函太郎迴轉壽司點了幾盤清爽的壽司填填肚子。

這也是在函館創業的壽司店，在這系統下有各式美食餐廳。

以往Milly進入一間迴轉壽司時，都會以為不吃上個七盤八盤似乎不太好意思。但是近日換了一種氣勢，就是有時只是想解解饞，甚至只吃個四盤五盤，滿足了口欲去結帳已經不會不好意思了。這天也是吃了烏賊、鯛魚、蔥花鮪魚和蛋捲等就收手了。

這不知算不算是一種進步，成為真正有氣魄熟女的進步。

如此的話，邊吃邊走、邊走邊吃的旅遊模式，或許有機會實現。

note 函太郎迴轉壽司五稜郭公園店

函館市五稜郭町25-17
011:00～22:00，無休

玫瑰咖啡屋夏井珈琲Brucke

稍微滿足了食慾後，繼續沿著散步路徑前往夏井珈琲Brucke。
Brucke是德語的橋，因此按照地圖指示，先以五稜郭橋為目標前
進，穿過住宅區後就可以看見那靜靜佇立著卻非常顯眼的夏井珈琲
Brucke，顯眼的是那環繞著歐風建築的多彩奪目玫瑰花。

走上開滿玫瑰的木階梯，推開彩繪玻璃門，進入眼簾的是絕對的歐
風浪漫，像是貴婦和千金小姐喝下午茶的優雅空間。
環顧這咖啡空間，圓弧型落地窗、絨布骨董椅、玻璃燭台、水晶吊
燈、插著紅玫瑰的花瓶、壁爐和堆放滿室的園藝書籍。
真是非常多的園藝書籍，尤其是玫瑰花的園藝書，幾乎可以確定店
主是絕對的玫瑰花愛好著。
本來還以為可能會走出一個蕾絲裙女主人，不過意外的是那在櫃檯
後忙著插玫瑰花的女子，不是柔弱夢幻的模樣，而是穿著俐落黑褲

📷 很有英國園藝風的夏井珈琲Brucke

掛著圍裙的中年美女。

特色是正宗的烘焙咖啡，咖啡豆堅持要在一樓工作間每天自家烘
焙，女主人更是附近住宅區認定的咖啡豆達人。

很在意那玻璃櫃裡放著的各式華麗水晶玻璃杯，就想點份由水晶玻
璃杯端出的甜點，於是反常地點了一杯聖代。
霜淇淋和香蕉淋上可可亞的聖代，以綠寶石顏色的水晶玻璃杯端
出，真的很美，當然也很濃郁可口。
是一個兼具視覺和香醇的咖啡屋，當然如果若是英國園藝的愛好
者，這裡關於園藝的藏書必定會讓你流連忘返。

note 夏井珈琲Brucke
────────────
函館市五稜郭町22-5
10:00～22:00，週三休

離開夏井咖啡後，五稜郭區域的散步也暫告一段落。

走回電車道，搭乘電車前往首次探訪的區域外國人墓地，當然不是真的去看墓地，而是這區域跟橫濱元町的外國人墓地區很相似，都位於高台，可以俯瞰港灣，坡道邊也同樣有很多異國風味老建築。

在「函館どつく前」下車，之後沿著魚見坂坡道慢慢往外國人墓地前進。

至於這坡道為什麼叫作魚見坂？據說是很容易看見魚群。

會不會太神奇，雖說在爬坡過程中不時回頭看，的確可以看見美好藍天下的港灣，但是應該也不至於看見海中魚群吧。

沿路沒看見魚，倒是看見了很多鮮豔的花朵。這裡的住家都會在屋前布置美麗的花壇，路上車輛不多又有規畫很好的人行道，是一個很愉快的散步路徑。

大約十多分後會先看見稱名寺和高龍寺。高龍寺是函館最古老的木造寺廟，而稱名寺則是在函館做新選組主題巡禮時必到的據點，因為裡面有土方歲三和新選組隊員的供養碑。

之後再往前些，從近道繞路就到達面向港灣、這個季節開滿繡球花的外國人墓地。墓地一旁有間白色木造歐風建築，是可以俯瞰港灣的咖啡屋カフェテリア・モーリエ（Cafeteria Morie）。

據說這咖啡屋還是電影「星に願いを」（向星星許願）的外景拍攝地，但光是可以看見函館灣的美麗夕陽，就已經非常受到情侶喜愛，成為函館的約會名所之一，即使是在墓地邊。

這天咖啡屋剛好公休，無緣去點一壺這咖啡屋最有特色的飲料，以自製果醬沖調的俄羅斯風茶品。至於為什麼會提供俄羅斯茶品，可能是因為舊俄羅斯大使館就在附近的緣故。

離開在白天一點都不陰沉、開滿花朵的外國人墓地，回到寺町通上的稱名寺、高龍寺，之後右轉進入函館西小學校旁邊的道路，在到達幸坂後再上坡前往舊俄羅斯大使館。

📷 魚見坂

墓地邊的咖啡館

被高大樹木環繞著的紅磚瓦建築舊俄羅斯大使館非常有風味，不過可能是很少觀光客會來到的區域，建築又有些年久失修，所以即使這建築被規畫為此區域的觀光重點，還是會覺得這裡很像鬼屋，雖然這樣說很沒禮貌（笑）。

往下坡走時發現了一個很古舊的住宿區，非常有感覺的舊建築，簡直就像是特意搭建出來的外景地，光是眺望這建築，腦海裡似乎就浮現了各種幻想。有些殘舊但維持得很好，似乎也還有人住在裡面。讓人好奇的是，這裡似乎住著不只一戶人家，像是由很多老宅邸組成的小社區。

在這區域隨性散步，處處有讓人眼睛一亮忍不住停下腳步的老建築，有的還有人住，有的或許已經荒廢但還是很有頹廢的美感。

如果是喜歡寫生或拍照的人，一定能發現很多可以讓自己發揮的角落。

像這樣在規畫好的觀光動線上散步，又能不時有些小發現，是Milly很喜歡的旅行節奏。

外國人墓地區散步

大眾澡堂大正湯

根據手上的導覽書再次右轉，目標是可愛的大眾澡堂大正湯。

大眾澡堂怎麼會可愛呢？

只要一看見那外觀，就會完全理解，因為整個洋風木造建築的都漆成可愛的粉紅色，要說這是全日本最可愛的錢湯（大眾澡湯），應該也不為過。

如果事先不知道這是七十多年歷史的錢湯（1927年開始營業），甚至是函館的指定文化財，一定會以為這是可愛的雜貨屋或咖啡店。

實際上這錢湯還是被附近居民日常利用著，入浴料金是390日圓。

除了錢湯建築那華麗的粉紅色可以去看看之外，那一樓是和風二樓是洋風的特殊結合，也是要去check的重點。

> note 大正湯
> ――――――――
> 函館市弥生町14-9
> 14:30～21:00，週四休

確認完可愛的粉紅大正湯後，可以按照地圖走到住宅區的白川湯，回到電車行駛的大馬路上後，在弁天町的大黑通り上，還會看見跟大正湯風味完全不同、很古典很穩重的大黑湯（1920年開始營業）。

 大黑湯　　　　　　　　　　　　　　　　　　 大正湯

至於為什麼這區域有這麼多歷史風味的大眾澡堂呢？
據知是因為這區原本是函館最熱鬧的商店街，商家很多，周邊是人口
很集中的住宅區，因此雖說現在已經沒了昔日的繁華和人潮，但還是
留下來很多有風味的房子，同樣的，也留下了這些有特色的錢湯。

● 太刀川家住宅、店鋪
────────────────

至於最能顯現昔日風華的，就要算是周邊弁天町區內被列為重要指定財的
太刀川家住宅及店鋪。
光從字面上看，會以為這是販賣刀具的商家。看了資料才知道，原來太刀
川是姓氏，這在1901年完成的土藏建築是由經營穀米的富商太刀川善吉所
興建。
可惜這美麗的老建築只能看不能消費，還好像函館這樣曾經繁華過的貿易
城，要找間老建築改裝的咖啡屋或雜貨屋去消磨時光，是非常容易的。

結束了外國人墓地的散策後，在市電大町站搭乘電車前往魚市場通站。下
車後，在大手町內一間非常可愛的咖啡屋Café harujon himejon度過了愉快
的下午。

　　　　　● 繪本咖啡館 Café harujon himejon
　　　　　────────────────────

　　　harujon himejon的建築是1912年興建的兩層樓土藏屋，
　　　2003年改裝後開設了函館近郊北斗市LEAVES的姊妹店
　　　LEAVES*HAKODATE，一樓是咖啡屋，二樓是服飾和雜貨
　　　屋。
　　　咖啡屋空間是沉褐色木地板土泥白牆，桌椅採溫暖木色系，用
　　　餐區正中央骨董裁縫機改成的桌子上擺放著美麗花朵。
　　　最吸引目光的是牆邊的一大面書架，上面北歐風的繪本和各式
　　　生活雜誌都可拿下來閱讀，在此消磨時光一點都不會無聊。

　　　骨董玩具隨性放著，每張桌上都插著可愛的花朵，營造出女生
　　　必定會喜歡的甜蜜浪漫氛圍。

　　　已經過了用餐時間，Milly就點了冰咖啡配上最愛的南瓜布丁，
　　　在緩慢節奏中享受旅途中的下午茶時光。

note Café harujon himejon
————————
函館市大手町3-8
11:30〜24:00，週日11:30〜21:00，週一休

據說這咖啡屋每年在夏季和冬季會各開一次「夜市」，舉行
「世界に一冊だけの本・展」，以手工書為主題。也就是透過
這咖啡屋的展覽，可以邂逅手工製作、世上只有一本的書，聽
起來真是超美好的，希望下次再來函館能巧遇這樣的夜市。
不光是手創夜市，這咖啡屋週六晚上還會不定期舉行音樂會，
能在函館的小旅行中發現了這可愛又有想法的咖啡屋，多了個
重遊函館的幸福理由。

電車箱館摩登號

這次分兩天進行的函館散步小旅行，是很愉快的。不但發現了一些上回
沒去的咖啡屋和散步路徑，更不時有意料外幸運出現。
像是準備搭電車返回旅館小歇時，一看，入站的電車居然是造型很可愛
的觀光電車箱館ハイカラ號（箱館摩登號）。

這有車掌沿路導覽的觀光電車，只在4/15~10/31運行，一天大致上只
來回行駛7班，所以能這樣幸運搭上，當然會忍不住盡情拍著電車外觀
和復古內裝。
這電車同時有個可愛的愛稱是「チンチン電車」，チンチン就是電車行
駛前後發出的叮叮聲。

回到旅館小歇後換上夾腳拖鞋，服裝簡便地在黃昏時分再次搭上電車前往函館車站，觀賞7月20日7:20開始的「函館新聞社函館港花火大会」。
先在餐廳前的攤位買了看煙火的道具，啤酒、毛豆和炸烏賊丸子，之後找了個好位置，邊吃邊等待著天色漸暗。喝著啤酒觀賞海港暮色時，突然看見一艘光彩奪目的觀光遊輪在眼前經過，會想，啊！如果能搭乘遊輪觀賞煙火該是多棒！

雖說前些天的天氣不太穩定，但這天卻是一個難得無雲無風的夏日夜晚，「花火日和」的絕佳日子。
比起在東京幾次觀看煙火的經驗，函館的場地寬敞得多，人潮較不擁塞，可以悠閒地等待煙火大會，也能輕鬆往返野台攤位區補充食物。
7:20，煙火大會準時開始，在大家的驚呼聲中一個個璀璨的煙火打上天際，氣勢或許比不上大都會的煙火，卻可以看見天上和映在海面上的煙火互相輝映演出，加上觀眾席離煙火很近，無遮掩的煙火美景令人充分滿足。

日本的夏日風物詩少不了煙火大會，在旅途中能巧遇煙火大會，讓夏日的旅行更加圓滿。

夏日函館煙火盛會

結束了函館的小旅行，北海道夏日旅行也同時進入尾聲。

原本計畫7月21日依然住在函館，隔天才返回札幌，但發現函館想去的地方大約都去過了，從函館往周邊的松前或江差，交通動線又不是那麼順暢，於是21日就改住在札幌。

預計21日從函館回到札幌後，在離開前的6天5夜中，能更悠閒地去消費這北海道相對熱鬧多樣的札幌都會。

7月下旬北海道已經逐漸進入旅遊旺季，札幌又有夏季啤酒節，房價飆漲不少，旅館也常客滿。於是明明6天都住在札幌車站周邊，為了遷就更經濟的房價及兼顧舒適，就分別在Richmond Hotel札幌駅前住了一晚，KEIO PLAZA HOTEL SAPPORO三晚，最後一晚則是依然選擇HOTEL Fino SAPPORO。

基本上，若有其他都會商務旅館可以選，Milly並不喜歡住在KEIO PLAZA HOTEL SAPPORO這樣的5星級大型觀光旅館，但出發前在網路上發現這旅館有提早兩個月預約的優惠方案，住宿3天的房價是2萬2，就是說每天的住宿費是7千3左右，在同時間車站周邊的人氣都會商務旅館，例如華盛頓Hotel，單人房一晚都要9千至1萬2，就很心甘情願地連續3天住在這5星觀光飯店原本一晚約1萬8的標準單人房。怎麼說得很委屈一樣，其實這旅館是不錯的。

至於臨時預約的Richmond Hotel札幌駅前更是只要5700，這系統的商務旅館房間都算是寬敞，尤其浴室較寬敞舒適，不是那種一體成型的緊縮格局。

旅途上能泡一個舒服的澡很重要，近年來在選擇旅館時會較為在意浴室的格局。

另外在7月18日已經不能用北海道周遊券，因此7月21日要從函館到札幌就勢必要精密計算一下。如果乘坐特急是3小時10分，車費約8600。搭乘高速巴士費時5小時又35分，車費約4700。如果不搭特急，以普通列車來接駁的話，就大約是5250日圓，中途換車4~5次，費時約10小時。

其實一開始Milly是傾向搭乘高速巴士，但因為之前在函館某間咖啡屋書架上拿下一本雜誌，上頭介紹了美唄有一座由小學廢校改建的戶外美術館，透過文章和圖片，一眼就被那森林包圍下的戶外美術館迷住，「想去想去」、「再怎麼難也要去」。

但從札幌到美唄，即使搭普通列車來回也要花上兩千多日圓，更別說普通列車的班次不多，旅程就要5個小時，於是心念一轉，因為一座戶外美術館而大幅改變計畫，決定再買了一張3天的JR HOKKAIDO RAIL PASS，費用1萬4，搭上早上第一班7:04往札幌的特急，12點多就應該可以在那戶外美術館的咖啡屋喝咖啡了。

美唄、美瑛。天涯海角也想去的地方

周遊券的小旅行主題

如此美好的森林廢校美術館
· 市民藝廊
· Café Arte

旅途上第三度的美瑛
· 美好的山丘咖啡屋Land Café
· 隻身迷路美瑛山丘
· 山丘小舖あるうのぱいん

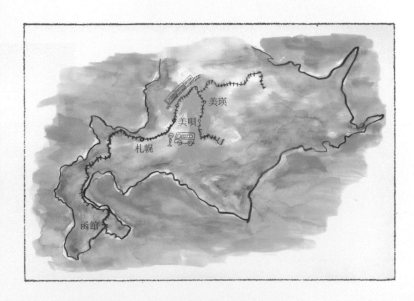

JR美瑛站

手上多了一張3天份的北海道周遊券，這3天的旅程又頓時豐富起來，似乎什麼地方都有可能去。

Milly自己訂出這3天的小旅行主題是天涯海角也想去的地方，（笑）好像有點誇張。有些地方或許偏向冷門，實際上意外地非常能樂在其中。

像美唄這個地名，之前是非常陌生的，但經由這次自我滿足的體驗，現在只要看見美唄二字就會浮現美好的回憶。

從函館出發，要順利在中午到達美唄，得搭乘7:04的特急列車。

當日早早起床，在晨光中搭上那緩緩駛入的電車前往函館車站，搭上特急列車，目標札幌。

10:08到達札幌，繼續搭乘10:30往旭川方向的特急列車。

這裡Milly有點小小的懊悔，其實不那麼趕也可以，因為札幌往旭川方向的特急列車算是頻繁，下一班特急同樣可以輕鬆接上11:03前往Arte Piazza Bibai（アルテピアッツァ美唄）的巴士。這樣的話，在札幌就幾乎有50分鐘，或許就可以將行李寄放在旅館，省下400日圓的寄物櫃費用。Milly對這類可以省下卻未能省下的技術性失誤很龜毛也很在意！

不過這裡還是要小小抱怨一下（相關單位應該也聽不到就是了），其實11:03也有一班巴士從美唄站前往Arte Piazza，可是特急也是在11:03到站，雖說巴士站就在車站前，但要搭上那班巴士幾乎是不可能的任務。

如果多個3分鐘再發車不就貼心多了？或許車站是希望遊客能多花些時間在車站和車站周邊逛逛吧。

Milly當日會提早到達，也是因為對這區域很陌生，無法事先掌握巴士站距離。

但這只是當天一個最小的誤判，真正的誤判是，這天雖是週一，卻是日本國定假日「海之日」，要用假日的時刻表，所以Milly在函館上網訂出的完美接駁時刻就完全不能實行了，補救的方式就是適度運用計程車。

如果是為了超想去的Arte Piazza，即使花些計程車費也不會心痛。

● 搭列車前往美唄

說到Arte Piazza Bibai，首先要知道一個雕刻家「安田侃」。光是看名字或許很陌生，但只要在JR北海道車站內轉過車購過物就一定看過他的作品。

在JR車站大廳內像座門的圓滑柔和白大理石雕刻正是安田侃的作品，在東京的新城區Mid-Town也可以看見他的精采作品。

安田侃先生出身美唄，這以廢校改建的藝術文化交流廣場Arte Piazza展示了好多個安田侃先生的作品。

在美唄車站搭乘11:43的市民巴士，12:03即可到達入口，也就是所謂的校門口。

說是校門口是有點奇怪，因為一眼望去，遼闊的區域內沒有任何圍牆和柵欄，只是用大樹和花草大約圍出一個範圍。

Arte Piazza Bibai的原址是四面環山的鄉間小學「舊榮小學校」。這區域原本是礦區，這小學也有很大的操場、校舍、體育館和附屬幼稚園，但是隨著礦業衰退，礦山封閉，人口大量外移，這小學也終於在1981年廢校，之後1992年經由改建，利用小學既有的建築和廣大腹地成立了Arte Piazza Bibai，一個免費讓大家自由參觀和分享藝術文化的交流中心。

主要的展示是安田侃的雕刻作品，作品分別放在室內體育館、教室以及校舍周邊草地上。

◼ 廢校改建的美術館真的非常大

上：美術館的戶外雕刻

上右：舊體育館改建的空間

安田侃的雕刻作品

說是小學，卻真的一點都不小，跟據資料顯示，有2萬平方公尺那麼大。

體育館很宏偉，校舍卻只有一棟。

所謂不小，是指周邊的草地真是異常寬廣，是都會小學完全會羨慕的奢侈，在高山環繞之下，木造校舍看起來就幾乎像是原野上的小木屋。

踏入這空間的第一瞬間就不禁泛起一個念頭，「哇！當初在這裡念書的小學生，未免太幸福了。」

因為美術館腹地很大，要參觀須分區進行。

整體空間可以分為五大部分，舊體育館建築內的藝術交流空間アートスペース（藝術空間Art Space）、紅屋頂木造舊校舍的市民藝廊ギャラリー（Gallery）、體驗工房ストゥディオ アルテ（Studio Arte），咖啡屋カフェ・アルテ（Café Arte）和水之廣場等戶外雕塑展示區。

散步路徑首先由體育館開始。屋頂很高的體育館內除了展示安田侃的作品，也是演奏會、發表會、講座的場地，也可在此購買安田侃的作品集以及Arte Piazza的周邊商品。

市民藝廊

Milly個人最愛的是兩層樓紅屋頂木造校舍改建的市民藝廊，在藍天和微風下呈現的景象，簡直就像是繪本中的景色。

踏入一樓教室玄關，會看見一些小朋友的室內鞋整齊地排在木格子箱內，原來一樓是依然招生中的市立幼稚園，這天是假日，所以沒看見小朋友。

經過幼稚園的走廊，上到二樓就是日式教室空間，完全有如進入時光隧道般。

木地板、木走廊、木格子窗、木格子門。

整個空間保留了舊校舍原有的風貌，然後將之精簡地呈現。

所謂精簡，就是整個空間幾乎只有三個元素：褐色的木頭、純白的牆面和透明的玻璃窗。

在這簡約的懷舊空間，很「空間」地放著安田侃先生溫柔視覺和觸覺的大理石雕塑作品。很空間的意思是一間教室內幾乎就只在角落放著一個作品，不受其他作品干擾，很清晰地表達著這作品的語言。

更讓人完全讚歎的精準擺設，是走上二樓時木階梯邊的空間，很隨意卻完整地跟校舍融成一體。

另外，脫掉鞋子走在玻璃窗邊木地板走廊的感覺非常棒，記得要豎起耳朵聽聽那木

只放了兩張休息椅的教室

舊校舍改建的市民藝廊

一間教室只放一件作品

板喀嘰喀嘰的聲音。走廊邊也小小貼了張紙提醒你留意這喀嘰喀嘰聲，那對日本人來說是非常老的木造教室才有的懷舊腳步聲。

在一間教室裡，面向窗外放了兩張椅子。
就這麼坐下，看著陽光下樹影搖晃，真是愜意又悠閒。懂得這麼貼心放上這兩張椅子的人一定是很會享受悠閒的幸福人。

Café Arte

離開校舍再往體驗工房慢步踱去。
體驗工房會不定期舉行雕塑教室，老師可是安田侃本人呢，課程大致上是兩天，費用7000~10000日圓，包含大理石材料費，課程名稱是「安田侃のこころを彫る授業」（安田侃的用心雕刻教室）。多美好的教室，如果住在那一定想去參加。

同一棟建築內還有Café Arte，空間也是完全木頭色，還有挑高天井。
空間很開闊，流動的空氣很緩慢，在這地方如果一副慌張的模樣似乎會「違反規定」似的。
選了個可以看見窗外森林的位置，點了冰紅茶和手工南瓜蛋糕，微風透過開放的紗窗吹入，隱約聽到鳥鳴聲，遠處也偶爾傳來小朋友在草地上奔跑嬉笑的聲音。

「啊，真好！」能來到這裡真好，由衷地這麼以為，同時享受著。

這天是假日，但因為這裡真的很寬闊，遊人可以悠閒享有自己的空間，在樹下野餐、在木椅上看書、在舊校舍前盪著鞦韆，或是愉快地脫下鞋子泡泡腳戲戲水，或是點杯非常有名的冰滴咖啡請店員送到大樹下的戶外座位上悠閒享用。
一個平和又閒靜的空間，對都會人來說有如現實外的香格里拉。

咖啡屋內只有Milly和另外一個中年男子。當Milly中途離開去探訪戶外咖啡座時，回頭一看，樹蔭下紗窗內男子看書的景致，是如此寧靜安穩，非常動人。
而剛才Milly也是置身在那樣的空間那樣的步調中，淡淡的幸福再次充滿全身。

很想多作停留，但還有旅程，在咖啡屋小歇後依依不捨地準備離開。
在美唄車站已經看過巴士時刻表，知道有點狀況。由於是假日，班次變少，搭不上原本預計要搭的那班市民巴士，於是回到Art Space，請工作人員幫忙叫計程車，如

◙ 咖啡店

◙ 時間緩慢流動的空間

此才能順利搭上13:34前往旭川的特急。

在等計程車時繼續隨性地在戶外散步著，爬上小山丘，眺望遠山原野，俯瞰整個美好區域。

目前Arte Piazza Bibai是由美唄市指定的非營利組織NPO法人アルテピアッツァびばい所管理經營，整個空間可以讓大家自由享用。

Milly以為最幸福的還是幼稚園的小朋友，因為這寬廣的空間可都是他們日常的遊樂場呢，這或許是全日本最大的幼稚園也不一定。

在寫這篇文字的2008年12月4日，上網看Arte Piazza Bibai部落格時，發現了一個很「北海道」的公告。

公告發布於11月21日，內容是「因為在區內的雪地上發現了熊的腳印，所以臨時緊急休館一日」。隔天的公告是「雖然熊依然未捕獲，但是已經看不到熊的腳印了，我們會繼續留意。咖啡屋和展覽區都還是可以悠閒地享用，可能大家散步的範圍會因此縮小，但還是請來到這裡。」部落格上呈現的是一整面白雪，在森林環繞的區域有熊出現應該也是理所當然。

看見那銀白世界中的景象，跟當日看見的初夏景象又是完全不同的風貌和魅力，或許冬天再去一次，想像在心中又開始默默飛馳起來。

note Arte Piazza Bibai
（アルテピアッツァ美唄）

美唄市落合町栄町
開館時間和定休日隨季節變化，
請上網查詢
http://www.kan-yasuda.co.jp/
arte.html

搭上計程車回到美唄車站，費用1330日圓，繼續前往美瑛。

這是在這次旅程上第三次前往美瑛，說是隨性也真是很隨性，主要是這日天氣很好，天空很藍，就想這時美瑛的平野山丘一定美好，於是就去了！

當然還有一個目的，就是美瑛山丘上還有間咖啡屋一直呼喚著要Milly去探訪。

一間德國風的小咖啡屋Land Café。

天氣非常美好，不論是在前往旭川的特急列車或前往美瑛的普通列車上，都可以看見清澈的藍天和多姿的白雲下廣闊的田野，散步日和，一個適合散步的好天氣，心情是期待的，也有些暖暖陽光下的慵懶。

往美瑛的普通列車小滿座，看見一個女學生很自然地坐在電車門忙著寫作業。

很羨慕那完全不在乎旁人目光的怡然，打打簡訊、查查字典、寫寫功課。

很喜歡乘坐普通列車，除了窗外的風景和列車搖晃的節奏外，很大一部分還是因為可以這樣窺看沿線的人物風景。

14:58到達美瑛，本來最理想的狀況是在站前搭乘3:05每天僅此一班的町營巴士「町営スクールバス美田・五稜線」，在「藤田宅前」下車就可以走到Land Café，費用大約150日圓。

原先是計畫先坐這町營巴士到咖啡屋小歇，再叫計程車返回美瑛車站。但是——這天是放假日，町營巴士不行駛。

■ 因為天氣好，就搭上列車前往美瑛

📷 自在的女學生

但都來到美瑛了，又很想去那咖啡屋，加上天氣大好，於是就決定坐計程車過去，之後再散步回美瑛車站。之前已經多次估算過路徑，從咖啡屋到車站約是4.2公里，徒步應該不會超過一小時。

搭乘小黑計程車前往美瑛山丘，到達Mild Seven之丘下方的Land Café，車費是1830日圓。

美好的山丘咖啡屋Land Café

在出發到北海道之前看見MOOK《スロウなカフェを訪ねて》（去拜訪那些緩慢的咖啡屋）。其中眾多的慢活咖啡屋中，這間Land Café特別吸引Milly的，是一隻悠閒的肥貓在咖啡屋外曬太陽的模樣。

因此一下計程車，Milly的第一個動作就是屋前屋後找尋這隻肥貓，可惜可能是天氣太好，肥貓出去探險了，一直沒能看見牠可愛的身影。

不過單單是來到這黑屋頂紅牆綠門有煙囪的德國風山中小屋咖啡屋前，就有種夢想成真的滿足感。

Land Café是德國先生和日本妻子香代子帶著三個小孩養了一隻聖伯納狗和流浪愛貓的咖啡屋。除了咖啡屋外，還有一間可以讓6個人投宿的小木屋「農村休閒之家」，可以讓都會體驗美瑛的農村生活。

因為是要讓都會人體驗生活，最少要預約4天3夜。小木屋內有完備的廚房，住宿期間不提供餐食服務，也沒有清掃服務。費用算合理，依淡旺季是8500~13000日圓。

咖啡屋是鄉村風的木桌木椅，只是比起想像中更要小巧一些，似乎只能坐上五、六組客人，所以像是那天假日，就必須在屋外等一下。

好在周邊有Land Café規畫的散步道和果樹、香草田，東看西晃不會無聊。

十多分鐘後進入咖啡屋，Milly點了計畫中想要吃的「Mittagessen des Tages」，本日德國風家庭料理午餐。

經營這咖啡屋的德國先生和日本妻子，當初兩人是在南非相遇之後決定在很像德國鄉間的美瑛定居，開了這間咖啡屋。之後德國先生就致力於栽培有機蔬菜，同時開設了Land Mann無農藥野菜農園，太太則主要在咖啡屋用這些野菜做出德國風的家庭料理。

為了讓更多人吃到這美好的有機蔬菜，農場可以提供產地直送，咖啡屋也不定期賣一點點有機蔬果。

如此這般，就想品嘗那本日德國風家庭料理，最能體驗到兩人的共同心血。

端上來的本日午餐是濃稠但入口清爽的蔬菜湯，配上有機麵包和沙拉。說實在的，濃湯賣相真的不怎麼樣，很像嬰兒副食品（哈），不過入口卻是非常甘甜美味，吃進肚子有種感覺，像是真的吃進很多無負擔的營養一般。

四處看隔壁桌的餐點，有人點女主人很自慢的德國起司蛋糕下午茶，也有人吃德國香腸套餐，畢竟是德國風的咖啡屋嘛。

note Land Café

北海道上川郡美瑛町美田第2
10:00～17:00，週二休（冬季休週二至週四）
http://www.k3.dion.ne.jp/~landcafe/

隻身迷路美瑛山丘

吃完了健康的有機蔬菜午餐，天氣依然美好，振奮精神，目標美瑛市區。

本來順著咖啡屋下方的大馬路走，應該比較能掌握方位，只是Milly被咖啡屋後種植著果樹開滿野花的山丘給吸引，於是不顧自己的路痴天份，愉快地走進Land Café規畫的野花散步道。

沿路風景的確不錯，可以瀏覽綠意田野，也觀賞到美瑛觀光巴士沒有路經的Mild Seven之丘美景，不過走著走著，Milly那不可靠的方向感就完全錯亂了。

■ 德國風的可愛咖啡店

■ 賣相不佳但異常美味的濃湯

■ 咖啡店愛犬聖伯納

要知道美瑛山丘並不是觀光單位規畫的大型農場，而是一個實實在在的農業區，因此沒有太多標示牌，也沒有餐廳或咖啡屋之類的建築物可以當路標。

即使手上的確有一張在觀光案內所拿的地圖，但是沒有路標可以對照，就連自己人在哪裡都搞不清楚。好在這天是假日，美瑛山丘上有相當多的車輛和自行車，於是Milly就拿著地圖問觀光客「請問我現在是在地圖的哪一個位置上？」

就是如此，一面還是維持著放鬆的散步情緒，一面跟遊人問路，總算找到美瑛市區的正確方位，這才放下心來。

只是在那些被問路的遊人眼中，Milly這個揹著輕便背包、在無邊田野中徘徊的女子，一定有點怪怪的吧。

撇開怪怪的、讓人側目的尷尬模樣不談，這樣在美瑛山丘散步還是挺不錯的。

經由交叉點的路標指示，從左邊的叉路直走就是北西之丘展望台，往右邊的叉路直走就可以回到美瑛市區。

本來可以這樣一路走回美瑛市區，但站在叉路這端，突然對另一端的咖啡屋很好奇，於是即使步伐已經有些疲憊，還是提起興致往前探訪。

山丘小舖あるうのぱいん

這間咖啡屋、麵包屋兼雜貨屋的山丘小舖是あるうのぱいん，有機麵包是以北海道麵粉和自家酵母製作，每天早上新鮮烘烤出爐。

每年11月至隔年4月不營業，這是很美瑛也是很北海道的模式，畢竟在大雪覆蓋的日子遊人會大量減少，同時也不能真正享受這咖啡屋最大的優勢，也就是在露天座悠閒地看著廣闊無邊的田野。

Milly到達時已經過了5點，小舖已經在準備要關店休息，店主的小朋友在周邊玩著棒球，主人也正在跟附近的居民閒聊著。不過店主還是毫不猶豫爽快地讓Milly在店內逛逛，更讓Milly去坐坐那面向一大片綠意的露天座。

在旁邊的小路上，有面個人手作的巴士站候車處立牌，有種黃昏過後會有森林小精靈之類的跟你一起等車的氣氛。

至於這小小的巴士候車處，是真的會有巴士來停靠，或只是主人憑感覺設置的虛擬巴士站，就暫時不得而知了，畢竟站名也叫あるうのぱいん，這一點有些微妙。

- 左上：Mild Seven之丘
- 上：從美瑛山丘走回美瑛市區的美好散步
- 左：美瑛市區

- 不知會不會有巴士停靠的巴士站牌

note あるうのぱいん

美瑛町大村村山
11:00～17:00，週四、五休
11月至隔年4月不營業

離開あるうのぱいん後轉頭回到叉路，一路毫不遲疑的往美瑛市區前進。

過了農場和農地區，接近美瑛市區的路有點不好走，有很多大貨車在道路上穿梭，讓人有點害怕不能放鬆，而這條馬路似乎也是在美瑛租單車前往美瑛山丘時必經的幹線，這樣看起來，美瑛山丘似乎越來越不適合騎單車遊覽，在如此坡路多彎道多車輛多還要跟大貨車並行的狀態下，應該不能保有愜意的心情才是。（但是不會騎單車的Milly似乎沒什麼資格發言！）

一路散步兼迷路，大約一個半小時終於回到平地，在路經美瑛選果的菓子工房時買了一份「えりも小豆のソフトクリーム」（加了美瑛紅豆的霜淇淋），坐在外面露天座小歇，吃完了這濃郁的冰品後繼續隨性瀏覽周邊的玉米田、馬鈴薯田和花園，一路走回美瑛車站。

暮色中的美瑛車站，一如往常地清秀美麗。

慎重地跟這車站說聲再見，這次的北海道夏季旅行多次來回這車站，想到或許短期內不會再來，離開時不知怎地有些小小的哀傷。

在月台等車回旭川時，發現了一株沿著鐵道枕木攀爬的粉紅薔薇，忍不住拿起小光相機拍下。

關於美瑛車站，於是就又多了一個美好的記憶，就是這月台邊嬌柔盛開的薔薇。

trip 16
7/22

新冠、登別. 拜訪優駿的故鄉

JR日高本線前進海岸牧場
- 唱片博物館
- 巧遇母子檔馬匹
- 奇蹟放晴兩小時的神駒路徑

重溫登別褪色記憶

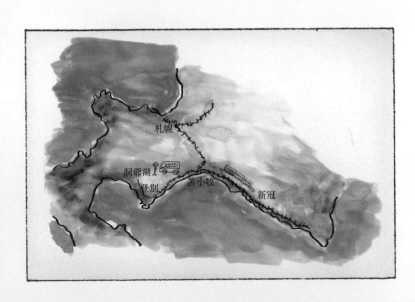

7月22日，使用北海道周遊券的第二天。

前日一夜好眠，或許是因為泡了舒服的澡。近年來旅行日本，比以前更加重視浴室的感覺，價位若差得不是很多，就會盡量選擇規畫概念較新的商務旅館，像是前一晚住宿的Richmond Hotel札幌駅前，就是這樣一個浴室寬敞又舒適的旅館。睡前泡個香香的熱水澡，出發前再享受醒神舒暢的淋浴，這樣開始一天的行程是最好的。

新冠對大家來說或許是一個陌生的地名，其實之前Milly對這地名也是完全陌生的。之所以要去，起源依舊是一本雜誌，一本在旅途的咖啡屋小歇時偶然翻閱的《北海道生活》，在2008年5月出刊的「日高、春天的足音」專題上，邂逅了一個想去的地方，一個可以看見優駿的地方，這地方就是新冠。

這基本上是一本會誘惑都會人到北海道定居的雜誌，裡面分享了一些移居北海道後的心情。每次都會介紹一個區域的生活型態和特色，更建議可以先藉著旅行去初步體會這區域的節奏。

根據雜誌，搭巴士在「サラブレッド銀座公園」（純種馬銀座公園）這一站下車，沿著235號國道就會有長達8公里的多座牧場。

不過首先必須要從札幌前往新冠。查閱了一下時刻表，發現班次真的很不多。先到苫小牧，這一段有很多機場快線和特急可以搭，但是從苫小牧到新冠，班次極少，

■ 優駿浪漫號

📷 新冠車站

一天大約是10班，且全數是普通列車。

Milly搭上9:19從札幌出發的特急北斗8號，10:03到達苫小牧，接著搭乘10:17往樣似的普通列車，在11:43到達新冠。

這車頭寫著「優駿浪漫」的一節車廂普通列車，行駛於JR日高本線。這天天候不是很好，但還是有足夠新鮮的車窗風景，讓Milly充滿興致地張望著。

列車漸漸駛離苫小牧市區，首先進入眼簾的是一望無際連個住家都沒有的荒野，之後經過鵡川和沙流川等大河，開始陸續看見乳牛牧場，透過雨霧甚至可以很貼近地看到牛隻悠閒吃草的模樣。

之後過了日高門別，更興奮地看見海岸以及就在海岸邊的馬牧場，車窗外呈現著微妙又非日常的畫面：灰濛濛的天空下是混濁翻騰的大海，海岸邊是廣闊綿延的牧場，在柵欄那端馬匹低頭吃著牧草，而這一切都是在列車上透過車窗所見。

說起來Milly搭乘的路線和列車也不在少數，但這樣的車窗景致卻是首次體驗。

之後列車有很多時候都是貼著海岸線行駛，天氣愈來愈惡劣，雨勢大了起來，海浪不斷撲向海岸，像是要衝進鐵道一般，天空和海面完全找不到應有的藍色，整個窗外景致只能用混沌二字形容。

置身於這乘客稀少的普通列車中觀看著一側是荒山一側是荒海的世界，居然有種自己已經跟現實世界脫離的錯覺，有點恐懼，但也莫名愉悅了起來。

從苫小牧出發，大約一小時半到達目的地新冠，意外的是這頗具話題的車站依然是無人車站。在列車上看見JR日高本線的觀光推廣看板，強調從車窗看去是「有山有海有牧場」，另外沿線也有豐富的溫泉資源。

唱片博物館

出了新冠車站，天氣更加惡劣。

即使是7月下旬，在冷冷的細雨和不留情的冷風吹襲下，整個人還是幾乎凍僵，鼻水直流。縮著脖子迎著風雨衝進道路休息站避難，心裡真的有點氣餒，想要放棄牧場上的馬兒，畢竟天氣如此惡劣，手上的資料也不太夠。

只能說是奇蹟，在休息站喝杯熱咖啡晃了一下不大的名產店後，出來一看，天氣已經穩定，於是先去探探旁邊氣派的唱片博物館。新冠官方網站很強調這是一座唱片、音樂和賽馬的城鎮，資料更顯示這唱片博物館收藏了全日本最豐富和最珍貴的黑膠唱片。但不是很明白這麼一座靠近太平洋有些荒涼的城鎮，為什麼跟黑膠唱片有如此深的淵源。

可惜那天剛好是博物館的公休日，因此雖說好奇，也暫時找不到答案。

---

note 唱片博物館（レ・コード館）

新冠郡新冠町字中央町1-4
10:00～17:00（定休日參考官方網站）｜ 入館費500日圓
http://www.niikappu.jp/record/index2.html

奇蹟放晴兩小時的神駒路徑

雖說唱片博物館和可以看見太平洋燦爛夕陽的新冠溫泉很吸引人，但是一般人對新冠最深刻的印象，應該還是神駒的故鄉，也就是日本賽馬用的神駒配種以及光榮退休養老的地方。

遵照國道235號的方位前進，沿線便是所謂サラブレッド銀座區。

不過走著走著，先被牧場上一個像是外星人航空器的紅色物體給吸引，走近一看原來是堆牧草的機器，真的是很特別。

為了更近看這牧場工具穿過橋時，赫然發現遠遠看去橋的另一頭不就是有馬兒在吃草的牧場，於是士氣大振快步向前，幾分鐘後透過柵欄拍到了在遼闊草地上悠然的馬兒，這才開始確信長途跋涉來到新冠是值得的。

在新冠這地方有一個很關鍵的字是サラブレッド，即thoroughbred，原本是指英國

🐴 有如裝置藝術的牧場　　　　　　　　　　🐴 應該是很受主人寵愛的白馬

以阿拉伯馬交配出的純正血統賽馬，之後就用來稱所謂的純種馬。

國道235號有純種馬銀座之稱，就是因為日高山脈下將近8公里的沿路兩側有眾多飼養名馬的牧場。如果事先聯繫這些牧場，還可以騎馬，預約都是統一跟「競争馬のふるさと日高案内所，0146-43-2121」聯繫。

如果搭乘道南巴士，想體驗新冠名駒之旅的話，下車的地方也正是サラブレッド銀座公園。

在車站停車場不但可以看見各式各樣彰顯馬的圖案和造型物，更因為該區地勢較高，可以看見雄偉壯麗的日高山脈及平野上一間接一間的馬牧場，遠眺著馬匹悠閒散步吃草的模樣。

更讓Milly心情高昂的是，停車場公園側邊就有一隻冷靜安度晚年的白馬王子，看來主人很疼愛牠，特意用白色柵欄圍出了一個空間，讓牠在那片草地上悠閒過日子，也因為離人類出沒的停車場很近，牠也就不會感到過於寂寞。

Milly拍照時牠顯得怡然自得，應該是見過很多大場面的關係吧（笑）。

跟馬匹相處的禮節

新冠每個相關網站和資料都會提醒一些接觸馬匹的禮節，在此很雞婆地放上請大家參考。

見学時間は各牧場によって違います。（每座牧場的參觀時間是不同的。）

見学時間、見学の可否は必ず事前に案内所にご確認下さい。（請務必先跟案内所確認參觀時間及是否能參觀。）

牧場内では係員の指示に従って下さい。（在牧場內請遵守相關人員的指示。）

厩舎や放牧場に無断で立ち入らないで下さい。（未經許可請勿進入馬廄或放牧場。）

大きな音・声を出さないで下さい。（音量請降低。）

馬に触らないで下さい。（請不要碰觸馬匹。）

牧場内は禁煙です。（牧場內一律禁菸。）

カメラのフラッシュはご遠慮下さい。（拍照請不要使用閃光燈。）

食べ物は絶対に与えないで下さい。（請絕對不要餵食。）

巧遇母子檔馬匹

跟白馬王子道別，繼續沿著馬路前進。就是這樣，有時沿著大道有時穿入小路去探探險，放眼所見四處是牧場、草地、歐風農舍、悠閒的馬兒。

甚至連像是住家的前方草地也有一隻迷你馬，或許在這樣號稱名馬故鄉的地方，在庭院養隻馬就像是養隻狗當寵物吧。

據說5月是小馬出生的旺季，的確在遠方草地上看見不少母馬帶著小馬的溫馨畫面，只是距離真的有些遠，不能更貼近觀察。

好在當雨再次飄落時，在返回車站的途中看見了！路邊柵欄內有對母子馬正在用餐，才一靠近，母子倆就很有默契很親切地上前來，那姿態真是可愛。

只是這時擔任護衛的狗兒似乎嗅到了Milly的味道，開始狂吠起來，為了避免被誤認為名馬的誘拐犯，Milly拍了照片快快閃人。

不過正因為能跟這對可愛的母子檔見到面，讓這趟新冠馬兒探訪之旅有了很美好的結束。

列車上，窗外依舊是雨中灰濛濛的荒海景致，心中不由得由衷感謝起旅遊之神的眷顧，讓Milly在新冠能擁有一個多小時好天氣，因此能跟馬兒愉悅地相會。

15:19列車準時到達苫小牧，加快腳步登上3分鐘後前往登別的列車，15:46到達了登別，利用不是很充裕的時間眺望了一下車站邊那仿造丹麥古城的登別海洋公園NIXE，搭上16:11前往洞爺湖登別溫泉的巴士。
這些年來多次前往北海道，但登別溫泉和洞爺湖卻只是第二次來。上次來是為了拍攝電視節目，印象最深刻的是昭和新山熊牧場裡有一堆熊會討食物吃。

這次之所以會想繞道來到洞爺湖，最主要是2008年7月7~9日間，G8地球環境高峰會議正是在洞爺湖舉行，旅遊期間每天都在電視上看見這會議的新聞，於是就想來感染一下大型會議後殘留的國際氣氛。

只是實際來到登別站，發現並沒有太多驚喜，後來搭乘巴士前往洞爺湖畔時，更是驚訝於湖畔的冷清和荒涼。
在湖畔遊晃時，除了東南亞旅遊團外幾乎看不見什麼遊客，溫泉旅館的外觀已經不是很光鮮，旁邊的店家大多關店了，即使開店的商店也顯得很沒生氣。

📷 多年後再見，洞爺湖已變得蕭索

或許是因為會議的主舞台是在山頂的旅館，更或許是因為2000年3月有珠山的火山噴發的確重創了這個秀麗湖畔的溫泉鄉。

在巴士總站邊有所謂的金比羅火口災害遺構，保留著當時被火山灰掩埋的住宅區，讓大家體會火山的威力和恐怖。一旁還有火山科學館和西山火口散策路等以火山噴發為主題的設施，只是這對遊客的吸引力似乎不大的樣子。

在冷冷清清的名產店買了一瓶紀念八國高峰會議的草莓啤酒，然後隨性在湖畔雕刻公園散步。

湖畔在暮色下非常清幽寧靜，草莓啤酒很好喝，也開心地發現了其中一座雕塑正是安田侃的作品。

這次的洞爺湖途中下車，最讓Milly感到不虛此行的，或許就要算是這有著安田侃美好作品的湖畔風光吧。

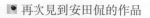 再次見到安田侃的作品

深川、留萌 。雨中的向日葵和藍天下的風車

向日葵路徑的前進方向
· 向日葵花田雨中快閃族
· 拉麵亭一龍

礼受牧場可以看見風的山丘
· 虛構的車站明日萌

札幌夏日歡樂啤酒節
· 湯咖哩 SPARK soup curry & café

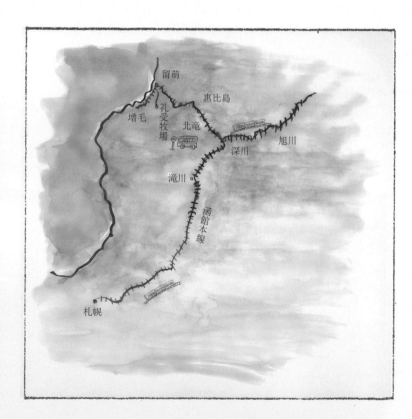

基本上北海道向日葵觀賞期間該是在8月中旬上下，雖說北竜向日葵祭在7月中旬就開始了。

前往北竜向日葵之里有兩條路徑，一是在JR深川車站搭乘往「北竜溫泉」方向的空知中央巴士，於「北竜中学校前」下車；或是在JR滝川車站搭乘往「碧水市街」方向的空知中央巴士，同樣在北竜中学校前下車。

至於要走哪個路徑，就要看巴士時刻表。

基本上不論前往深川或滝川，都是從札幌車站搭乘函館本線往旭川的特急列車，然後會先到滝川，再來是深川。深川的巴士站牌離車站較遠，滝川則較接近車站。同時兩區的巴士班次都不是很多，滝川首班車是10:00，深川是8:00，之後就是10:25，回程的巴士也同樣兩班之間相隔很久。

Milly在幾年前也曾到北竜看向日葵，那時就是因為沒算好巴士時刻，玩得太盡興錯過了巴士，所以必須在原地晃蕩很久。

這次則完全只是去看一看，不去計較行程有些趕，於是先在札幌搭乘9:00的特急，9:49到達滝川後搭乘10:00往碧水市街方向的巴士，10:40到達北竜中學校前，之後緊接著搭乘11:50前往深川車站周邊的巴士。（PS：返回滝川的巴士是13:40）。

向日葵花田雨中快閃族

按照計畫一路換車，到達了北竜中学校前。那一大面稱為北竜向日葵之里的地方離

📷 搭巴士前往北竜看向日葵

巴士站牌遠了些，快步走去。雖說那一望無際的向日葵花田大約還有2/3沒開，但那1/3的向日葵還是很壯觀。

夏天的北海道旅行怎麼能沒有那滿山遍野的向日葵呢。這次初夏看見笑意滿滿的向日葵，任務達成後快速離開，在號稱緩慢的旅行中反常地成了快閃族。

在破破舊舊長滿蜘蛛網的候車亭等車時，忽然有種熟悉又非常陌生的微妙感覺。

多年前也曾這樣在這裡等著巴士，是幾年前呢？周邊是怎樣的景致？一切已經不復記憶，但縮身在候車亭的感覺卻又異常熟悉，彷彿不過是近日才經歷過的事情。

那年來北竜是在8月的盛夏，一直延展到遙遠天際的向日葵開得很茂盛，有的甚至比人還高，高大的向日葵圍成一個迷宮，可以讓遊人遊戲一番。

這次沒能如前次般看到滿開的向日葵，倒是在等車時轉身看見盛開著白色花朵的蕎麥田，微雨中那一望無際的純白蕎麥花田，清新樸實的姿態很惹人愛憐。

這區域似乎是蕎麥產區，後來回到深川車站時也看見站內寫著深川蕎麥麵的立食麵攤，只是Milly至今不能體會蕎麥麵的精髓，沒能提起興致吃碗蕎麥麵，也因此無法將這北海道的蕎麥滋味給記憶下來。

也是因為這樣，Milly選擇了不合常理的動線，先從深川到旭川吃了碗旭川拉麵，然後再搭特急回到深川。

搭乘特急列車，深川到旭川不過18分鐘，手上有張可以無限搭乘的周遊券，又比較想吃已經被認定為北海道人文遺產的旭川拉麵，於是作了這樣很個人的選擇。本來旅行就是寵愛自己的主觀行為，自我滿足就好。

◾ 北竜候車亭

◾ 在旭川車站美食大樓就可以吃到美味拉麵

拉麵亭一龍

之前在旭川梅光軒本店吃了老牌子的拉麵,多年前吃過號稱元祖旭川拉麵的一藏,這次沒多堅持,只在旭川車站周邊美食大樓吃了拉麵亭一龍的旭川拉麵。

雖說店面簡單,也不像那些名店人潮川流不息充斥著吆喝點餐的聲音,不過意外地還是頗美味好吃。

無論如何,先不去計較名氣的話,這樣距離車站很近又不難吃的拉麵店,是換車等車間可以善加利用的選擇。

note 拉麵亭一龍

旭川市宮下通7 旭川エスタ5F
11:00～20:30

吃完了暖呼呼的旭川傳統醬油湯底拉麵，繼續搭車前往未曾去過的區域「留萌」，搭的是13:23的普通列車。

這條JR留萌本線的班次不多，每班大約相隔2~3小時，且全線都是普通車。去這樣班次不密集的區域，一定要算好回程時間。

翻閱時刻表，計畫14:19到達JR留萌站，回程則搭乘16:14的班次返回深川，滯留大約2小時。

本來還想繼續前往一個很有趣的車站增毛，但實在太耗時間，只好作罷！

為什麼要去增毛？（笑）真的只是想去看看這很幽默的車站。

「增毛＝ぞうもう」，就是如果有人面臨毛髮稀少的危機，就可以買張增毛的車票來個好兆頭。不過也不用老遠跑去就是了，因為增毛站是無人車站，那增毛觀光紀念的車票反而要在較大的留萌站購入。

於是在到達留萌站後花了160日圓買了一張不能用來搭乘的增毛紀念車票，用來送給一個頂上有點（真的只是一點點啦）小危機的朋友。

■ 不知能不能增毛的增毛車票

留萌區域的觀光重點是千望台海岸、眾多觀看夕陽的據點例如黃金岬，以及有懷舊風貌的歷史景觀留萌港。

而Milly一心想要去體驗的據點，則是可以眺望海岸、看到放牧馬牛和高聳風車的礼受牧場。如果可以的話，還想品嘗名物料理にしん蕎麦（鯡魚蕎麥麵）或鯡魚火車便當。

要前往礼受牧場，可以搭乘「沿岸巴士」在第二浜中站下車。只是巴士14:00才剛開走，下一班應該是下午15:30。按照預定，16:14要搭列車返回深川，實在沒時間去等巴士，於是唯一的非常方式就依然是動用計程車了。

畜產館是可以用餐小歇的咖啡屋

右：可以看見風的山丘

下：要前往可以看見風的山丘，可以搭巴士在此下車

其實可以搭計程車直接到牧場，而不是在牧場下方的巴士站牌下車。但Milly一時小氣，另一方面也是海岸在豔陽下非常耀眼，想先欣賞一下海岸風光再爬坡前往礼受牧場。到達第二浜中站牌前，車費是1170日圓。

從站牌走到礼受牧場不過10分鐘，坡道不是很陡峭，往回望可以眺望海岸，往前可以看見山丘上藍天下的風車，是很建議可以慢慢踱步前進的路徑。

礼受牧場是只在5~10月開放的公營牧場，原本只是單純放養小馬、牛隻，之後因為地點實在太好，於是經由地方觀光單位整理規畫，將這牧場和風車群景觀統稱為風の見える丘（可以看見風的山丘）。

雖說這裡的風車山丘可能比不上宗谷丘陵的氣勢，但這天天氣極佳，一路爬坡看見開滿野花的平野上高聳佇立的風車群，還是走著走著忍不住哼起歌來。

順著坡道一路上前，展現在眼前的是一大片停車場，另一端是面向日本海海岸景觀的木屋建築畜產館。

畜產館本來只是一個展示留萌畜產的資料展覽館，牧場開放觀光後就改成了可以用餐和小歇的咖啡屋オーシャン・サイド・ファーム　トリム（Ocean Side Farm Trim，通常簡稱為トリム）。MIlly在此點了一杯留萌特產的番茄汁拿到二樓的陽台露天座享用，同時獨占了從陽台看去一大片的無敵海景。

稍稍失望的是，或許因為是非假日，或許是因為天氣太熱，餐廳旁牧場上應該有的小馬和牛隻，一匹也沒看見。

不過也或許因為北海道的盛夏來的較遲，似乎要等到8月，這裡才會有比較明顯的夏日感覺。

盛夏天氣好時，這裡還會提供烤肉套餐，從這高處的餐廳烤著肉眺望美好夕陽下的海岸，氣氛似乎不錯，只是不是那麼適合一個人旅行。

不過Milly似乎因為手頭資料不充分，錯失了一個在此品嘗美食的機會，因為後來才知道這裡有道觀光客必吃的オロロンラーメン，這外表很醒目以番茄為湯底的紅色拉麵，據知是由北海道名廚貫田桂一所監督製成。不過也罷，已經喝到同樣甘美新鮮的留萌番茄汁、看到豔陽下閃亮的海岸，同時充份滿足地觀覽了山丘上的風力風車群，這次的礼受牧場途中下車旅行已經足夠愉快。

之後搭乘沿岸巴士，順著日本海海岸返回留萌車站。

虛構的車站明日萌

JR留萌本線深川−增毛間的班次不多，可以途中下車的觀光據點也不多。
可是這條路線卻很意外地是很多電影和日劇的拍攝地，有的車站還保留著拍攝時改
裝出來的懷舊模樣。像是一座叫做「明日萌」的無人車站，就是NHK晨間連續劇
「すずらん」（鈴蘭）的拍攝地。

實際查看路線圖，上面並沒有明日萌車站，原來這車站真正的名稱是「JR惠比島
站」，明日萌是戲中的車站。有趣的是，真正的惠比島站車站是以一節列車改造的
小巧建築，一旁的明日萌站倒是相對氣派得多，是昭和風的木造房舍。
為了順應連續劇帶來的名氣和觀光效益，車站周邊保存了劇中的中村旅館等建築供
大家參觀，也在明日萌候車室放置了一個在窗邊回頭看的人（劇中人物等身大小的
假人）來重現連續劇中畫面。
但說真的，那候車室窗邊的女子有些可怕。列車停靠這所謂的明日萌站時，Milly
企圖拍下照片，還真被那鏡頭中的人影給嚇到，以為拍到了靈異照片呢。
白天還好，如果是晚上，突然瞥見無人車站有個人在窗邊回頭一看，真會被嚇到。

回到札幌，一出車站就發現站前搭建了帳篷，傳來陣陣歡樂的聲音，似乎札幌的啤酒嘉年華已經正式開始了。

站前廣場上有許多餐廳和啤酒廠牌設置的攤位區，一堆下班的上班族夾雜了些觀光客在那歡樂派對氣氛下喝著桶裝啤酒配著烤雞串，還有人正在大吃成吉思汗烤肉。那感覺好像是札幌車站前多了一個夜市，氣氛非常不同。

後來去尋找好吃的湯咖哩，路經大通公園時，更被那公園內類似慕尼黑啤酒節的嘉年華攤位給感染，小小亢奮了起來。

果然是夏天來了，即使是北國的札幌，啤酒還是夏天最大的主角。

其實Milly一點也不喜歡啤酒，還是不免這麼想著。

本來想機會難得，是不是該找個位子坐下來，後來還是作罷！原因是一個女子孤單單坐在周圍成群結伴的人群中，那畫面真是太情何以堪了。

 札幌啤酒節播放的爵士樂演奏

7月下旬到8月上旬舉辦的札幌啤酒節

湯咖哩 SPARK soup curry & café

當晚選擇的湯咖哩是觀光案內札幌美食導覽小冊上的推荐，從大通公園地鐵站走過去三分多鐘。
會這樣選擇，一方面是位置較好找，此外就是小冊子上頭附了這餐廳的飲料兌換券，點咖哩餐還可以得到一杯免費的飲料呢。

SPARK在札幌有數家分店，Milly去的是位於地下室一樓的本店。與其說是咖哩餐廳，更像是南洋風的酒吧，因此踏入這餐廳時還真有點擔心是不是做了一個錯誤的選擇。
喝著免費的飲料薑汁汽水，等了十多分鐘後，送上來的チキンベジタブルスープカレー（雞肉湯咖哩）卻是好吃得不得了，讓Milly對湯咖哩從此著了迷。
在某次看過的日本美食節目中，知道了初次體驗湯咖哩時吃法是錯誤的。正確的吃法不是把湯咖哩倒入白飯，而是將白飯放在湯匙上，一口口稍微浸泡入湯中，然後湯咖哩的料則可放入盛著白飯的盤子上食用。

為什麼說這裡的湯咖哩好吃？
首先湯頭看似很濃郁，吃起來卻意外地清爽。說是清爽，但一口下去卻可以吃到很有層次的辛香料中透出的濃郁香甜。據說這裡的湯頭可是用雞骨架和豬骨花上十多小時熬成的。
先炸過再燉煮的帶骨雞腿很嫩滑鬆軟，湯咖哩內放了多種有機蔬菜，茄子南瓜青椒馬鈴薯，似乎看見北海道新鮮蔬菜的縮圖出現在

一個湯碗中，非常豐盛又健康的一個晚餐。
將湯汁一滴不剩地吃完，滿足地完成了札幌的湯咖哩再體驗。

美食在肚，愉悅地繼續散步，慢慢走回車站附近的旅館。
大通公園的夜晚依舊處處洋溢著啤酒嘉年華的歡樂氣氛，只是走著
走著，到了電視塔附近卻看見一座龐大的白色帳篷內傳出陣陣悠揚
的樂聲。
原來是放著爵士樂的小巨蛋規模帳篷，似乎之前還有現場表演。時
間有些晚了，放一盞盞柔和桌燈的場地播放著爵士演唱會。看見不
少人點了酒和咖啡，在這裡頭放鬆，其中西方人的遊客還真不少。
白色帳篷的篷頂照射著夢幻的光線，很微妙的氣氛，很非現實。
一時之間，沒喝酒的人也有著微醺的飄然感。

平野上的向日葵、豔陽下的海岸、山丘上的風車、都會裡的視聽音
樂空間，從白天到晚上，不同的情緒接力著，是愉快的一日。

note SPARK soup curry & café（本店）

札幌市中央区南2条西4丁目PASSE2・4ビルBF1
11:00〜24:00，全年無休

到札幌一定要體驗的湯咖哩

札幌。純隨性札幌小奢華

上午的札幌市區美食體驗
· Café de NORD
· CROSS HOTEL的自助午餐真時尚

共通一日卡市郊途中下車
· 札幌芸術の森
· 櫻珈琲煎房
· 定山溪溫泉探訪無厘頭河童

札幌都會暮色中的徘徊
· café ZILL
· 中島公園
· CAFÉ QUATRE-L

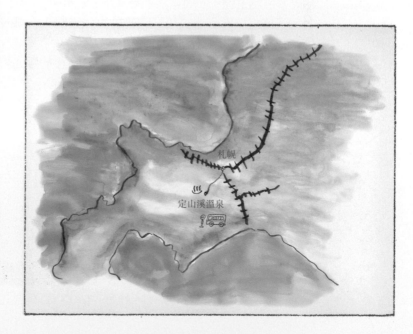

7月24日，計畫一整日都在札幌散步。隨性的。
一大早先翻閱咖啡地圖書，找了一間位於札幌車站周邊一大早就可以喝杯好咖啡的 Café de NORD。

● Café de NORD

位於5星級飯店「札幌グランドホテル」對面辦公大樓地下室的Café de NORD，於早上8點就開始營業。
是由札幌的主要咖啡豆供應商「自家焙煎珈琲豆～インフィニ珈琲社」所開設的直營店，因此能喝到一杯講究的好咖啡是理所當然的。

這咖啡屋沒有供應早餐套餐，於是點了拿鐵及吐司，結果店內唯一的男店員跟Milly說，在早上11點以前點了咖啡，加點的吐司就是「免費」的。
就這樣，點了600日圓無可挑剔的美味拿鐵，也吃到香噴噴的厚片奶油土司。

Café de NORD的設定是大人的咖啡屋，因此整體空間以深烘焙咖啡豆的咖啡色為主色，一面是放著滿滿雜誌的書架，一面是咖啡吧檯。
透過吧檯可以看到店員手沖咖啡的專注姿態，光線是柔和的間接光，好音響流洩出來的是緩慢的爵士音樂。
是一間可以喝杯好咖啡的好空間，加上這裡的觀光雜誌很豐富，點杯咖啡收集一下觀光資料是不錯的節奏，非常推薦！

note Café de NORD

札幌市中央区北2西4　三菱地所北海道ビルB1
8:00～21:00（週六19:00），週日、假日定休
http://www.infini-cafe.com/

大人的咖啡館Café de NORD

CROSS HOTEL的自助午餐真時尚

一大早能喝到這樣的好咖啡，真是一大幸福。

在滯留Café de NORD一個多小時後，繼續札幌都會散步。

這時看見一間很亮眼的摩登旅館，原來是之前預約不果的設計風旅店CROSS HOTEL。不能住宿就想去LOBBY探探，果然是不辜負期待的旅館。整體設計概念很完整，是很洗練的設計風旅館。

這間旅館在大阪也有分店，單人房一晚的費用含早餐約一萬日圓上下。

在參觀的時候發現旅館內的義大利餐廳agora有自助午餐，而且是以有機蔬菜為主，於是當場決定要先體驗一下這裝潢同樣時尚的餐廳。

用餐經驗很棒，不但料理美味豐富，視覺上更有意想不到的享受，那自助餐吧上的前菜和甜點真的都像是一個個現代藝術作品，如果說這是設計風旅館才能呈現的自助餐形式也不為過。

客人先點一份主食手工義大利麵，之後就可以享用前菜、湯、沙拉和甜點等。

基本上是完全懂得討好女性的精緻自助餐，除了每一道都想嘗試的前菜和點心之外，Milly更喜歡那放在玻璃道具裡滿滿的有機溫冷蔬菜吧，擺放的模樣看起來就像是一幅畫。

Milly點的是1980日圓的手工義大利麵加自助餐套餐，還很寵愛自己地加點一杯八百多日圓的有機蔬果汁。不過能吃到那麼多款奢華前菜、新鮮的北海道有機蔬果、每一個都想吃的精緻甜點，度過了一個以設計風餐具營造出的都會小奢華午餐時光，還是以為是物超所值的。

吃完了這摩登時尚的午餐自助餐後，買了一張1000日圓的共通一日卡，繼續札幌的周邊近郊小旅行。

agora的前菜和甜點都放在摩登餐具上，像是珠寶放在展示櫃般非常精緻地擺放著。

時尚設計旅館CROSS HOTEL

共通1日DAYカード（共通一日卡）可以搭乘地鐵、市電、北海道バス（北海道巴士）、じょうてつバス（定鐵巴士）和中央バス（中央巴士）。

札幌市內的地鐵和市電都可以乘坐，但巴士的範圍就有點一知半解，也找不到明確的地圖可以參考。

這天Milly就預計用這共通一日卡，前往札幌郊區的「札幌芸術の森」。

從JR札幌車站前往，要先搭乘地下鐵南北線在「真駒內駅」下車，之後前往中央巴士的2號月台搭車，在「芸術の森入り口」或「芸術の森センター」下車。

17分鐘的地鐵加上15分鐘的巴士，不過半小時就到達可以充分享受綠意的藝術空間，當然也因為車程這麼短，Milly才以為可以用一日卡。

但這回如意算盤卻完全失算，原來用這一日卡還要再補上230日圓。

因此如果要利用這一日卡，不能確定使用範圍的話，還是事先詢問一下觀光服務處較好。

● 札幌芸術の森

以藍天下有雕塑有音樂為宗旨的札幌芸術の森，也可以稱為「アートパーク」（Art Park）。花了15年整頓規畫完成的山丘地園區內有札幌芸術の森美術館、島武郎舊邸、野外美術館、體驗工房、野外音樂台等十多個不同區塊。

說是森林中的藝術公園絕對不誇張，因為真的很大，要走完沒點體力還真是不行。

這回Milly也沒有全部走完，只是隨性在芸術の森入口的巴士站牌下車，之後以邊看建築邊散步的節奏，一路遊晃到另一個入口「芸術の森センター」。

當天天氣極佳，晴空下沿著草地上的步道在各個造型突出的建築間散步，吹著徐徐

涼風，聽著偶而傳來的鳥鳴聲和潺潺水流聲，隨性找張樹蔭下的木椅小歇，發發呆看看園內盛開的花朵，沒什麼目的，卻是很舒服的時光。

也難怪在廣大園區內最常出現的不是一家大小，而是一對對情侶。

只在園區散步不需要門票，只有進入札幌芸術の森美術館等展覽空間才需購票。

note 札幌芸術の森

札幌市南区芸術の森2丁目75番地
http://www.artpark.or.jp/

櫻珈琲煎房

本來這間咖啡屋並不在當日的行程上，但是在前往札幌芸術の森時，透過巴士車窗Milly突然瞥見了一棟攀滿藤蔓的咖啡色建築「櫻珈琲煎房」。

本來在札幌有間非常想去體驗的森林邊咖啡屋正是叫作櫻珈琲煎房，不過那是交通較不方便的藻岩店，本來已經想放棄了，沒想到透過車窗看見了同樣的櫻珈琲煎房標誌，就想這必定是冥冥中的指引，於是沒照平日慣例在美術館內咖啡屋小歇，而是在回程路段途中下車，探訪這間命運的咖啡屋。

在「真駒內花園」站下車，走個3~5分鐘，就到了這櫻珈琲煎房柏丘本店。

本店雖說位於馬路旁，但是因為主要窗戶都開向真駒內川和茂密樹林，加上店內以間接光、深褐木色家具、隨意分布的植物以及輕柔的音樂所刻意營造出的緩慢空間，讓客人一進入就好像遠離了門外的喧囂般。

選了一個靠窗的位置坐下，剛好面向窗外灑著陽光的林蔭，瞬間有著自己其實是置身於森林間的錯覺。

只是或許是這一路下來走得太熱，那天沒點咖啡，而是點了店內自創的冰涼洞爺湖有機蘋果飲料。好喝，的確是無可挑剔的好喝，但是沒點咖啡現在還是有些小遺憾，畢竟這還是一間講究咖啡烘焙的專業咖啡屋。

◧ 有機蘋果無可挑剔的好喝

這以烘焙咖啡、音樂和森林為主題的櫻珈琲煎房有四間店面。週末各家分店都會不定期舉行爵士音樂會，但更奇特的是這連鎖咖啡屋還有一個很微妙的周邊行業，就是蓋房子。很奇怪吧！或許應該反過來說，原本企畫出櫻珈琲煎房的正是蓋屋子的「櫻工房」，之後再透過櫻珈琲煎房推展「Live in Style」，講求自然的住家空間建築概念。

因此咖啡屋網站上寫著「咖啡店蓋了房子」，就一點都不令人覺得奇怪了。

---

note 櫻珈琲煎房柏丘本店
――――――――――
札幌市南区真駒内柏丘11丁目1－94
10:00～24:00，無休
http://homepage3.nifty.com/cafe-sakura/

● 定山溪溫泉探訪無厘頭河童

在櫻珈琲煎房小歇後，途中下車的下一站是「定山溪溫泉」。
為什麼為突然想去定山溪溫泉？說起來又是命運（笑），因為在下車前往咖啡屋前習慣地先去查看了巴士站牌的時刻表，發現在此可以接上往定山溪溫泉的じょうてつバス，就想順線繞去瞧瞧，雖說這路線也是不能使用一日卡的。

對於這個算是相當鄰近札幌的溫泉鄉，Milly跟據資料想去探訪的只有一個重點，

就是河童。

在這溫泉鄉，有個關於河童的傳說是：在數十年前有個年輕人因為水壩工事不小心落入附近的河川，從此不見蹤影。但是一年後他在忌日那天卻托夢給親人說，他現在跟著河童妻子和小孩過著幸福快樂的日子。

就是這樣，定山溪溫泉跟河童有了淵源，雖說這傳說有點不是那麼精采。

從此定山溪溫泉就以河童為吉祥物，溫泉鄉內有所謂的「かっぱロード」（河童路），也放置了二十多個河童雕像，出自北海道藝術家的不同創意。Milly這次的重點正是要看這些很搞笑的河童像。

經過相對熱鬧的市區，巴士在突然加大的雨勢中沿著溪谷往山區前進，到達終點站「定山渓車庫前」。Milly冒著風雨快步穿過定山源泉公園，首先看見了第一隻在泡湯的河童，之後再往月見橋走去，又看到了模樣有點滑稽的河童纏繞在欄杆上。但這還不是Milly的目標。

這時一轉身，看見了，終於親眼看見這個完全無法理解為什麼可以這麼「脫軌」的河童像：一個戴著皇冠的女河童，而且還穿著滑稽的三點式泳衣掛著珍珠項鍊，這是什麼怪藝術啊。

如此拍到了這超級無厘頭的女河童雕像後，Milly就心滿意足地略略逛了溫泉街，然後搭車返回市區。

如果時間充裕些，天氣好些，定山溪溫泉的確是好地方，可以從札幌出發來趟「當日往返純泡湯」。泡湯還能看見搞笑河童，還算不錯的小旅行主題。

● 定山溪溫泉鄉

● 怪河童

這天買了1000日圓的共通一日卡，但是從早上開始卻只消耗了280日圓的地鐵和50日圓的巴士，其他都要另付車費，實在太不符合達人精算原則。

為了彌補這大失策，心中就立下一個計畫，怎麼樣都要讓那一日券發揮效力，於是之後就開始了一段札幌市區的散步……不！或許該說是徘徊。

因為是無特定大目標的徘徊，結果到了晚餐時分，終於找到成吉思汗知名老舖だるま 本店前時，已經是精疲力竭，沒力氣再去排隊候位，只能搭電車回到札幌車站，在便利店買了簡單的食物。

因此雖然賺回了一日券該有的價值，（苦笑）但或許卻是另一種失策。

不過儘管如此，這從黃昏到夜晚的札幌市內電車途中下車，還是頗為愉快的。

café ZILL

首先，在搭巴士回市區時，看見市電的乘車處就立刻下了巴士，轉搭共通一日卡絕對可以使用的電車，往石山通站前進，下車後順著米里行啟通，在住宅區走個3~5分鐘很容易就可以發現café ZILL。

咖啡屋老屋子的兩側牆面都被店主畫上顏色非常強烈的圖案，有趣的是圖案跟書上的照片竟然已經大不相同。原本旅遊書上這咖啡屋走的是純白明朗路線，現在已經變成墨綠的低沉風格。難不成是看店主的心情或季節來變化咖啡屋外觀？

這間咖啡屋原本是蔬果店古民家，內裝使用了大量古建材，空間中也布置了各式舊家具和骨董收藏，但是Milly沒有進去用餐小歇，只買了一個司康小餅就出來了。

為什麼出發前這麼認真地在資料上畫了一個大圈提醒自己一定要去的咖啡屋，真的來到卻不去體驗呢？現在問自己也沒有答案，在長程旅行中，有時很多判斷都是一瞬間的、沒理由的，有時只不過是那時身體的溫度所造成的決定。

雖說在寫這段文字時上網看見了店主很有風味的Blog，突然非常想去體驗。

返回大街上，搭乘電車前往下一站「中島公園通」。從電車站穿進住宅區前往中島公園，在這之前先看到中島公園邊的渡邊淳一文學館，館內放著北海道出身、以《失樂園》在台灣小有名氣的作家渡邊淳一的原稿和全部著作。

不過真是一棟很氣派的建築，為了還在世的作者建立一座如此有規模的文學館，可見北海道人有多以渡邊淳一為傲。這時候已經是五點多的關館時間。不過說真的，即使是開館時間，要Milly花上300日圓入館料進去參觀，可能還是有些遲疑。

note café ZILL

札幌市中央区南十四条西9-3-37
10:00～21:00，週三及每月第三個週四公休
http://cafe-zill.jugem.jp/

中島公園

位於札幌市區中心的中島公園，腹地不算是非常寬廣，但有音樂廳、天文館、歐風典雅的迎賓館「豐平館」和可以划船的湖。

湖面上有野鴨，湖畔開滿花朵，是一個清幽乾淨的小歇好去處。

這時正是園內繡球花大大盛開的季節，Milly非常喜歡繡球花，尤其是藍色的繡球花，因此本來有些陷入低潮的旅行步調也頓時振奮起來，選了張湖畔木椅坐下，充份觀賞著暮色下的繡球花藍色花海。

CAFÉ QUATRE-L

中島公園小歇後繼續往公園邊一家由知名啤酒品牌企劃的キリンビール園（麒麟啤酒園），這是可以盡情喝啤酒和成吉思汗烤肉吃到飽的餐廳，不過Milly的目標則是前方的咖啡屋CAFÉ QUATRE-L。

這是一間很貪心的咖啡屋，店主企圖將自己喜歡的東西全集合起來似的。

因此這咖啡屋不但有咖啡、蛋糕和湯咖哩等咖啡屋必備的東西，還有酒精飲品，在

櫃檯內更有外賣的自家烘焙麵包。

空間內放著不少家具設計書，還有各式生活雜貨、二手歐風家具和設計家具。

Milly買了以北海道產小麥和天然酵母製作的手工麵包當第二天的早餐。

雖然車站附近或車站內一定會有連鎖咖啡屋提供早餐，但有時像這樣在旅途上找一間有想法的咖啡屋或麵包屋，買一個麵包當早餐，也是頗不錯的體驗。

note CAFÉ QUATRE-L
────────────
札幌市中央区 南11条西1丁目5-23
キャトレール中島公園
11:00～19:00（週五六至24:00），週一公休
http://www.cafequatre-l.com/

買了麵包繼續在周邊稍稍遊晃。同一個巷弄內還有一間札幌味噌拉麵專門店狼スープ，號稱是用純淨天然水熬湯底，還獨創有專門麵條。據說店內還有販售自創品牌的周邊商品和狼造型娃娃，很獨特的麵店。

除此之外就在CAFÉ QUATRE-L一旁還有一間叫做TAMIS的法式餐廳。暮色中餐廳透出的光線非常吸引人，只是要體驗這裡的餐食和空間或許還是中午來才好，預算可以控制在千元以內，晚餐則大約要花3000日圓以上。

說起來在旅途中總會有些只是、但是……有時猶豫來猶豫去反而弄不清楚自己到底想選擇什麼。或許很多餐廳除了事先搜尋資料或直覺地一見鍾情外，有時更需要的是一股作氣推開門進去的魄力。

🔘 中島公園藍色繡球花

札幌巨蛋

trip 19
7/25

札幌 ．札幌一日的任意任性遊

共通一日卡的近郊小旅行
‧百合が原公園
‧札幌旅行必經路徑：羊ヶ丘展望台
‧幸運的羊ヶ丘夏祭
‧福住焙煎珈琲店
‧札幌巨蛋真耀眼
‧札幌咖啡館月寒店
‧ろいず珈琲館旧小熊邸

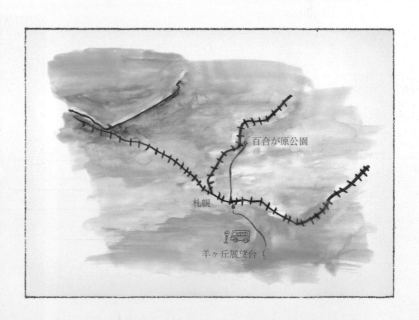

百合が原公園

札幌

羊ヶ丘展望台

有了前一天買了一張共通一日卡卻無法充分運用的失敗經驗，於是今天在出發之前就先去車站內的旅遊服務處，確認了當日近郊散步路線都在共通一日卡範圍內，才甘心地再買了一張，開始一日的途中下車小旅行。

這天不是刻意卻很幸運地又碰到了北海道最大都會札幌的煙火大會，因此當日的途中下車小旅行，就以晚上19:45煙火大會開始之前的時間來安排。

百合が原公園

第一站是從札幌車站搭乘地鐵到達榮町站，然後轉搭中央巴士前往北区百合が原公園210番地「百合が原公園」。

會去這百合花公園，是被導覽書上那「園內種植了各式百合花，有12萬株以上，最佳欣賞的季節是6月上旬至9月下旬」的文字給吸引。

實際前去，雖說花海沒有想像中壯麗，但在百合花盛開的季節中還是頗吸引人的一座花主題公園。尤其是一大早能去遊玩、消費的場所不多，利用早上來到這樣免費進入的公園散散步，是很推荐的節奏。

◙ 百合花

◙ 玫瑰花壇

這屬於中型公園，緩緩繞上一圈也不過20分鐘。如果是年紀較大的遊人或小孩，還可在公園附設的火車站花個360日圓搭上利用家庭廢油再生的環保電動火車，繞行花園一圈。當然體力不錯的話還是散步最好。

在園區世界的百合廣場發現一些珍奇的百合花品種，同時欣賞到了「玫瑰花壇」、「世界的庭園」、「花香庭園」等歐風的庭園風格。

Milly極喜歡其中以石頭搭建、很英國鄉村風味的サイロ展望台（サイロ即Silo，貯藏塔）和一旁種滿了花朵的鄉村小屋。如果不去看周遭的人潮，坐在小屋前的木椅上，真有種自己不是在日本而是在某個歐洲鄉村角落的感覺。

札幌旅行必經路徑：羊ヶ丘展望台

離開百合公園，下個目標是前去象徵札幌（或有一說是北海道）的羊ヶ丘展望台。

說起來前後來過北海道已有5、6次，但沒去過那觀光客必去的羊ヶ丘展望台。

但幾乎各國的北海道觀光書，都必定會有張那手指著遠方的クラーク像（克拉克博士雕像）。就想，既然這是一本北海道旅行書，又怎能少了這場景呢，更何況這天的天空是無可挑剔的藍，是往大草原看風景的好日子，不容放棄。

搭乘巴士回到地鐵榮町站，繼續乘坐地鐵前往札幌巨蛋周邊的福住站，之後再搭乘巴士前往羊ヶ丘展望台。

在入園前會有工作人員上巴士來販售門票，如此大家就可以繼續搭乘巴士，到了奧地利館、札幌雪祭資料館和克拉克博士像前廣場再下車。

記得在網路上曾經看過這麼一段文字：說起北海道，首先會想到的就是那似乎會跑出阿爾卑斯山少女小英的大自然和克拉克像。因此才一下車，Milly就立刻先前往雕像，拍下了那象徵北海道開拓精神的山丘上的克拉克博士像，ok！任務完成。

羊ヶ丘展望台很明顯有兩個重點，一個是可以看見羊，一個是位於高處可以眺望遠方。因此這裡理所當然就有一大片遼闊的綿羊放牧牧場，可以看見那很有癒療系感覺的可愛綿羊們在悠閒地吃著草。

而在極佳的天氣下，羊群的另一端還可以清楚看見像是外星建築的札幌巨蛋以及札幌的都會街道，一種很微妙的景象組合。

📷 象徵北海道開拓精神的克拉克博士像

羊ヶ丘奧地利館，📷
羊ヶ丘オーストリア館

札幌雪祭資料館，📷
さっぽろ雪まつり資料館

📷 羊ヶ丘展望台

幸運的羊ヶ丘夏祭

這天剛好是7月25~27日的「羊ヶ丘夏祭り」，在這期間只要買一張500日圓的門票，就會送上300圓兌換券以及園內成吉思汗烤肉餐廳的200圓折價券，也就是說，入場根本等於免費，幸運喔。

這所謂的羊ヶ丘夏祭り大約都是在7月中下旬舉行，可以事先查一下羊ヶ丘展望台官方網站上的訊息，或詢問車站內的觀光服務處。

音樂會隔日才舉行，但北海道農畜牧產品的攤位則是三天都有擺設，其中鄂霍次克海扇貝攤位更是以超低價300日圓兩份的價錢來促銷。300日圓，金額不是剛好跟手上的兌換券一樣？於是Milly就免費吃到了那宣稱當天一大早才剛從鄂霍次克海捕撈上來的新鮮扇貝。

只是面對著綿羊草原，吃著海裡的扇貝，還是有點不對勁。
這時Milly的腦子裡突然出現邪惡的念頭，在可以看見綿羊的地方吃著成吉思汗烤羊肉應該是最極致的組合。（不過寫到這段時還是有些罪惡感的，真的！）
於是在可以舉行婚禮的ウェディングパレス（Wedding Palace）三樓展望台瀏覽了更廣闊的田野景色後，就提振精神，帶著已經充分旺盛的食慾，前往一旁的羊ヶ丘レストハウス（羊ヶ丘餐廳）去大啖成吉思汗烤肉。

這是Milly在北海道第二次的成吉思汗烤肉體驗，比起多年前跟著拍攝隊去品嘗的觀光區團體客用餐餐廳，這回真是好吃多了，羊肉非常鮮美多汁，沒有任何腥味。

📷 羊ヶ丘「地產地消」的成吉思汗烤羊肉　　📷 鄂霍次克海現烤扇貝

有說這是地產地消的關係，雖說有點道理，但（苦笑）對羊兒來說也是很過份的說法，善哉善哉。

之後敲了一下廣場邊的旅立ちの鐘（邁向新旅程的鐘）後，返回福住地鐵站。

• 福住焙煎珈琲店

早先在前往羊ヶ丘展望台的路上，Milly先途中下車去喝了一杯咖啡。

在福住二條六丁目的站牌對面很快就發現路邊田地間的福住焙煎珈琲店。

坐下先點了綜合咖啡，明亮但不是很寬敞的店內只有Milly一人，要不動聲色地拍照幾乎不可能，於是跟老闆取得了拍照的許可。

看起來削瘦又酷酷的店主開始好奇Milly為何拍照？說明只是自己愛喝咖啡，去哪喝咖啡都會拍照放在自己的blog，今天也是特定前來喝咖啡。

老闆一聽！開心起來，沖咖啡的手勢好像也更帥氣了。

據說老闆保田先生原來在咖啡豆販售公司當了二十多年的上班族，之後才開了這間更能突顯自己堅持的咖啡屋。

咖啡店內櫃檯前放著多樣的烘焙咖啡豆，牆邊有著各式各樣的咖啡道具，窗台還有一些骨董收藏。

咖啡先不放糖來喝，不錯！香醇滑潤很順口，是還算喜歡的咖啡滋味。

咖啡屋不以空間的舒適和裝潢的個性來取勝，但是，是一個可以喝杯咖啡的地方。

在前去羊ヶ丘展望台的路徑上，不失為一個轉換氣氛的小歇點。

---

note 福住焙煎珈琲店

札幌市豊平区 福住二条6-7-3
9:30～22:00，週三公休

札幌巨蛋真耀眼

從福住車站走路前去札幌ドーム（dome，巨蛋）大約是10分鐘，這天剛好有棒球賽事，於是Milly就跟著一些情緒亢奮穿著日本ハム（北海道聲援的職棒隊伍）球服的球迷，一起走向那造型非常搶眼的札幌巨蛋。

耗資422億日圓、於2001年完工啟用的札幌巨蛋，以「夢與感動」為主題精神。
札幌ドーム被札幌市民愛稱為「Hiroba」（廣場），整體的設計師是原廣司。
原廣司這名字你或許很陌生，但一說他也是京都車站的設計者，你可能就會忍不住「喔」的一聲吧。

巨蛋除了可以舉行各類賽事，也可以舉行容納5萬人的演唱會，遊客即使不參加任何活動，也可以花500日圓進入那透明的展望台，同時眺望札幌市區。
雖然如此比較不太妥當，但是比起東京巨蛋，這札幌巨蛋真是亮眼多了。不單是建築主體本身，周邊的綠意以及各式各樣現代雕塑也都比東京巨蛋有看頭。
然後，如果可能，請選擇一個陽光普照的日子去欣賞札幌巨蛋，因為在陽光照射下，這建築更加光彩耀目。

札幌咖啡館月寒店

繼續搭上地鐵，目標還是一間咖啡屋，是在翻閱某本雜誌時就對它二樓的露台座位一見鍾情的咖啡屋「サッポロ珈琲館月寒店」，札幌咖啡館月寒店。
搭乘地下鐵東豐線在「月寒中央站」下車，從一號出口大約走個5分鐘，就可以看見這造型非常突出的三層樓狹長木屋建築。
據說這外觀很特殊的建築原本是建築師倉本龍彥的住宅，一樓是烘焙咖啡豆和蛋糕甜點的外賣店面，二三樓是咖啡屋。
二樓最搶手的位置是露台座位，三樓則像個閣樓花房，種植著大株小株的咖啡樹，然後陽光透過三面木格子窗灑入，是非常溫暖又非日常的舒適空間。
據知這深受咖啡迷喜歡的咖啡屋，還有個暱稱「たくんち」，真正的漢字Milly不能確定，大約就是「小拓的家」，小拓是這屋子前主人的兒子。

興致勃勃來到咖啡屋前，先趕緊上二樓，一看，lucky！那在夏天絕對大熱門的二樓露台座剛剛好有個客人離開，於是Milly如願擁有一段短暫的愉悅時光。
因為點了咖啡和紅茶戚風蛋糕後就去了三樓上洗手間，結果更喜歡三樓那彷彿咖啡

サッポロ珈琲館月寒店

樹花房、陽光充沛的閣樓空間。回到二樓大約坐了十多分鐘，「剛巧」下起了小小的雨，真的是幾乎沒感覺的細雨，於是（哈）Milly這個奧客就問店員可否將咖啡和蛋糕移到三樓去，店員很親切地答應了。

於是Milly就選了一個面向窗戶的櫃檯位坐下。

能在一個咖啡屋享用兩個不同風情的空間，對其他人或許沒什麼，但對於喜歡咖啡空間的Milly來說真是極樂。

當然單單只有咖啡空間是不足以讓人流連的，更重要的還是咖啡要好喝，同時能處處堅持不妥協才行。

如果以這點來看，這珈琲館就完全是不會受到任何質疑的絕佳咖啡屋。

地點好、空間好、咖啡好、甜點好、音樂好、服務好。

說一個好字很簡單，但只要其中有一個不好，都會影響咖啡屋的整體印象。

就有人說過，如果在北海道喝到不好喝的咖啡，那一定是因為店主不用心，畢竟北海道水質好空氣好大自然好，沖出好喝的咖啡會比其他區域更加容易才是。

這次在北海道的旅途中體驗了不少咖啡屋，能以這間美好的札幌住宅區咖啡屋暫時畫下一個句點，是理想中的滿足終站。

但其實想要去體驗的咖啡屋比已經體驗過的咖啡屋還要多。

不過已經很滿足了，經過了這次北海道二十多天的旅途，Milly感受到了北海道真是一個不輸給東京和京都的「咖啡屋樂土」，尤其是那些在山林間幽靜佇立的緩慢咖啡屋，更是今後Milly想繼續去探訪的領域。

note サッポロ珈琲館月寒店

札幌市豊平区月寒西1条7丁目1-1
9:30〜23:00，無休

ろいず珈琲館 旧小熊邸

在前往煙火大會之前，還有一個想去看看的地方。

先坐上地鐵再轉搭電車，於「ロープウェイ入口站」（纜車入口站）下車。

下車後過了馬路爬上坡道走個十多分鐘，就看見藻岩山上的纜車站以及Milly的目標「ろいず珈琲館 旧小熊邸」。

暮色中的舊小熊邸外觀非常古典又可愛，像是繪本中才會出現的建築。

不過千萬不要誤會這是一家放了很多熊玩偶的咖啡館,之所以叫「旧小熊邸」,完全是因為這建築本來是建築師田上義也為北海道帝國大學的小熊扦博士所建的宅邸。建築於昭和2年(1927年)完成,1998年重新修建,變成現在的ろいず珈琲館分店。

不過說是改建也不完全正確,這小熊博士的宅邸原本轉手到其他人手上,面臨了拆除的命運,後來是市民發起的保存運動將這建築給保存下來,然後將建築拆遷到現在的藻岩山上。

因為是移轉,據知其實大約也只能保存原屋十分之一左右的模樣,不過即使是這樣,很多慕名田上義也建築的人還是會來此朝聖一下這很古典的洋風建築。

只是這博士的姓還真可愛,小熊博士……如果要Milly想像,一定會浮現一個胖胖身軀留著大絡腮鬍、抽著菸斗總是大聲笑著的中年人。

在白天天氣好的時候,面對花園的露天座是熱門首選,天氣好的夜晚則可由此看見札幌的都會夜景。

不過這天因為有更吸引Milly的活動,沒能進去喝杯咖啡,就繼續搭上路面電車往煙火會場的河岸邊趕去。

帶著事先在百貨公司買的炸雞、毛豆、薯條野餐盒，跟著人群往豐平川方向前進，在河岸邊找到了一個不是那麼擁擠的位置，邊吃著餐食配著啤酒等待著第一枚煙火射上天際的19:40。

時間到了！大約四千多發煙火在長達一小時的時間中在大家的驚呼下不斷射向天際，燦爛著整個夜空。

一個人看煙火大會的確有點難自high，即使有酒助興。

但能在這樣的煙火大會中度過北海道夏日旅行的最後一個夜晚，依然是最適合跟北海道說聲「再會了」的氣氛和場景。

在燦爛的煙火下，說聲北海道再會了！ 📷

note ろいず珈琲館 旧小熊邸

札幌市中央区 伏見5-3-1
9:00～23:00，無休
http://www.lloydscoffee.co.jp/

國家圖書館出版品預行編目資料

北海道，一個人的幸福旅程 ／ Milly著. -- 初版
. -- 臺北縣新店市：大家出版：遠足文化發行，
2009.06；320 面；17×23公分

ISBN 978-986-85088-3-5 (平裝)

1. 旅遊 2. 日本北海道

731.7909   98008853

IN 02
北海道，一個人的幸福旅程

作者‧Milly｜美術設計‧林宜賢｜責任編輯‧賴淑玲｜編輯協力‧宋宜真｜行銷企畫‧柯若竹｜社長‧郭重興｜發行人兼

出版總監‧曾大福｜總編輯‧賴淑玲｜出版者‧大家出版社｜發行‧遠足文化事業股份有限公司 231 新北市新店區民

權路108-2號9樓 電話‧(02)2218-1417 傳真‧(02)2218-8057 劃撥帳號‧19504465 戶名‧遠足文化事業有限公司｜

印製‧成陽印刷股份有限公司 電話‧(02)2265-1491｜法律顧問‧華洋國際專利商標事務所 蘇文生律師｜定價‧380

元｜初版一刷‧2009年6月｜初版十刷‧2014年6月｜有著作權‧侵犯必究｜本書如有缺頁、破損、裝訂錯誤，請寄回更換